Introduction to

# Trading Psychology

A Practical Guide to Improve Your Trading Psychology

# 股票交易心理学精要

## 提升交易心理的实用指南

[美] 迈克 · 贝尔 Mike Baehr [加] 安德鲁 · 阿齐兹 Andrew Aziz 著



中国青年出版社

**图书在版编目（CIP）数据**

股票交易心理学精要：提升交易心理的实用指南 /（美）迈克·贝尔，（加）安德鲁·阿齐兹著；罗文译. —北京：中国青年出版社，2023.10
书名原文：Introduction to Trading Psychology: A Practical Guide to Improve Your Trading Psychology
ISBN 978-7-5153-7011-8

Ⅰ. ①股… Ⅱ. ①迈… ②安… ③罗… Ⅲ. ①股票交易－经济心理学－指南
Ⅳ. ①F830.91-05

中国国家版本馆 CIP 数据核字（2023）第139041号



## 股票交易心理学精要：提升交易心理的实用指南

作　　者：［美］迈克·贝尔　［加］安德鲁·阿齐兹
译　　者：罗　文
责任编辑：肖　佳
美术编辑：佟雪莹
出　　版：中国青年出版社
发　　行：北京中青文文化传媒有限公司
电　　话：010-65511272 / 65516873
公司网址：www.cyb.com.cn
购书网址：zqwts.tmall.com
印　　刷：大厂回族自治县益利印刷有限公司
版　　次：2023年10月第1版
印　　次：2023年10月第1次印刷
开　　本：880mm × 1230mm　1 / 32
字　　数：150千字
印　　张：7
京权图字：01-2022-3100
书　　号：ISBN 978-7-5153-7011-8
定　　价：59.00元

# 迈克·贝尔

峰值资本交易（Peak Capital Trading）首席培训官

牛熊交易者（Bear Bull Traders）交易教练

www.BearBullTraders.com

合著者

# 安德鲁·阿齐兹

峰值资本交易（Peak Capital Trading）创始人和首席执行官

牛熊交易者（Bear Bull Traders）创始人

www.PeakCapitalTrading.com

# 免责声明

作者及合著者，以及www.BearBullTraders.com（以下简称为“本公司”），包括其员工、缔约方、股东和附属机构，都不是投资咨询服务机构、注册投资顾问或经纪商，它们不为客户提供关于客户应该买卖何种证券的建议。请务必理解证券交易蕴含着很高的风险。本公司、作者、出版商和本公司的附属机构对交易和投资的结果不承担任何责任。本公司网站和出版物上的叙述均于所述日期作出，如有更改，恕不另行通知。读者不应假定在这些叙述中出现的方法、技巧和指标会带来盈利或者不会带来亏损。此外，本公司产品（统称“这些信息”）涉及的指标、策略、规则和所有其他特征仅供参考和教育目的，不应被视为投资建议。提供的示例仅用于教育目的。因此，读者不应该仅仅依靠这些信息做出任何交易和投资。相反，他们应该仅仅将这些信息用作进一步独立研究的起点，使他们能够针对交易和投资形成自己的意见。投资者和交易者在判断任何一种投资的可行性时，都应该咨询他们的持牌财务顾问和税务顾问。

# 目 录


序 言 009

关于作者 011

前 言 013

**第一部分 你是怎样的交易者 019**

第一章 了解你自己 020

第二章 直面挑战 026

第三章 全面交易者的概念 033

第四章 交易风格 052

第五章 交易者性格 057

**第二部分 心理在交易中的角色 071**

第六章 确定性和不确定性 072

第七章 专注于执行的重要性 081

第八章 概率的游戏 087

第九章 支持网络 096

**第三部分 纪律在交易中的重要性 103**

第十章 纪律的意义 104

第十一章　纪律的重要性　110

第十二章　纪律松弛的原因　122

第十三章　提高纪律性　127

**第四部分　正念的力量　133**

第十四章　什么是正念　134

第十五章　盘前的正念　143

第十六章　交易之前的正念　153

第十七章　交易之中的正念　161

第十八章　交易之后的正念　167

**第五部分　通过提高心理弹性保护心理　173**

第十九章　情绪资本　174

第二十章　保护你的情绪资本　183

第二十一章　补充你的情绪资本　193

**第六部分　交易者的健康生活方式　199**

第二十二章　饮食、锻炼和睡眠　200

第二十三章　社会关系　210

结　语　216

# 序 言

当我在25年前第一次接触交易时，我是从一次次试错当中学习的。尽管那时候我们还不懂交易是什么，我们这些新手还是不加考虑就主动仓促地投入其中。

整个过程就像在坐过山车一样。大部分人完全专注于回报而非风险，所以当互联网泡沫破裂时，许多人都猝不及防，转而放弃了交易生涯。

在金融危机过后，人们短暂恢复了对股市的兴趣，但是到2019年，资金从美国股票共同基金和ETF流出的速度创下了过去25年来的新高。

## 新冠肺炎疫情改变了一切

交易和投资在2020年成为一种可行的居家办公选择，流入证券资产的资金猛增，造就了前所未有的牛市。

与此同时，现在的新手相比以前的新手来说有着巨大的优势，特别是在投资教育和培训方面。我指的是在交易技术和交易心理学两方面都进行指导，两者缺一不可。

通过交易来谋生不同于一般的工作，它不像是做生意而更像是一场战斗。要为这场冒险做好准备，有抱负的交易者需要类似于新兵训练营这样的东西，而不仅仅是一个商业计划。

迈克·贝尔在加入海军陆战队之后，在新兵训练营里磨炼了他的性格。这迫使他成长，并且似乎让他在一夜之间就成为一个自律、稳重、以任务为中心的成年人。

## 交易也能磨炼你的性格

交易使你有机会更快地了解市场和你自己。它会磨平你的棱角，迫使你弥补你的短板。

迈克经历过这些，安德鲁也经历过这些。当你在攀登最高峰时，你可以像登山者信赖夏尔巴人①一样信赖他们。即使你中途放弃，交易也会使你变得更加出色。你也许还能从中赚到一些钱。

最后这一条取决于你调整自己作为交易者的性格的能力，以及你是否能够将市场谜一样的反馈当作动力来提升自己。

本书用通俗易懂的语言讲述了这个磨炼的过程，包含了丰富的信息。请带着热情读下去吧，你不会失望的。

**肯尼思·里德博士**

2021年4月

新墨西哥州　圣达菲市

---

① 夏尔巴人族群主要分布在尼泊尔，是珠穆朗玛峰登山者的专业向导。——译者注（本书注释若无特殊标注均为译者注）

# 关于作者

**迈克·贝尔（Mike Baehr）**是峰值资本交易的首席培训官，也是牛熊交易者的交易教练。他曾在美国海军陆战队服役23年，并以军士长的军衔退役。他在军队中花费了大量时间为数届海军陆战队成员传授、指导有关领导力、自律、抗压能力等方面的知识和洞见。

在迈克学习交易之后，他很快就发现他教给海军陆战队成员的技巧对于交易者来说同样有用，这些技巧可以帮助交易者应对股市交易中的心理挑战。在为峰值资本交易和牛熊交易者制作课程时，迈克有幸与其他几位交易心理学家合作，包括乔纳森·F. 卡茨博士（Dr. Jonathan F. Katz）。在卡茨博士的帮助下，迈克开办了一系列交易心理学培训研讨会，讨论了应对亏损和不确定性、培养纪律性、练习正念、提高抗压能力等主题。迈克已经幸福地度过了20多年的婚姻生活，有两个优秀的孩子。在交易之外，他喜欢和家人待在一起、担任足球裁判志愿者和跑步。

**安德鲁·阿齐兹博士（Dr. Andrew Aziz）**是一位加拿大交易者，在自营交易公司峰值

资本交易担任基金经理。他是福布斯理事会成员、投资者和畅销书榜单排名第一的作家，连续七年跻身亚马逊网站“商业与金融”类畅销书作家前100名。截至今天，他的金融和股市交易书籍已经以10种不同的语言出版。

安德鲁是一名天生的企业家。他积极投资与人工智能交易工具开发相关的金融科技公司。他创办了独立日内交易者在线社群“牛熊交易者”，该社群致力于提升每位成员的交易水平。在交易之外，他喜欢越野跑、攀岩、滑雪和攀登高海拔的山峰。目前他正致力于攀登七个大洲中各自海拔最高的火山和最高峰。

**肯尼思·里德博士（Dr. Kenneth Reid，本书序言作者）**是一位交易教练和教育工作者，拥有临床心理学博士学位。他从1996年开始交易。2001年到2012年，他在全美最大的金融媒体之一担任高级编辑、首席交易员和虚拟投资组合经理。在2012年退休后，里德博士全职从事教练和软件开发工作，同时打理自己的期货交易账户。通过他广受好评的“专业巧妙策划”（Mastermind Pro）课程，他为牛熊交易者社群制作了一系列充满洞见的高清培训视频，介绍了交易者在当今动荡的金融市场中所需掌握的高级思维方式、技巧和策略。

# 前 言

我首先要诚恳地告诉读者们，我不是心理学家，也没有心理学方面的教育背景。我在美国海军陆战队服役了23年，以军士长的军衔退役。我的交易生涯始于2008年股市崩盘的时候。我很幸运地取得了一些成功，因为当时我完全不知道自己在做什么。不过，这份幸运使我拥有了一笔启动资金，能够从2018年开始成为一名日内交易者。

我很快发现，我的军旅生涯使我能够很好地应对交易者所面临的各种心理挑战。因此我产生了写这本书的念头。我通过广泛研究交易心理学领域的著作，以及与多位交易心理学家和绩效教练同事交流，最终创作了这本书。这本书不会使你成为交易心理学的专家，但它能够使你清楚地认识到你的思维和情感怎样影响了你的交易。

我在参军时就明白，自己终有一天会退役，那时候我可能年纪太大了，或者我可能会遇到合适的情况，让我意识到是时候离开了。和所有优秀的海军陆战队成员一样，我很早就开始为退役后的生活打算。对我来说，我足足提前了11年来准备！当时我决定去读夜校，并在北卡罗来纳州的坎贝尔大学拿到会计学位。我选修了一门法务会计课程，并且惊讶地发现我对这门课程有浓厚的兴趣。

我越是思考退役后的人生，就越是觉得对于我的技能而言，最适合我的职业是法务会计。经过一段时间之后，我制订了在2019年初退役的计划。作为退役计划的一部分，我进入西弗吉尼亚州的查尔斯顿大学攻读法务会计硕士，并于2015年毕业。尽管我当时还没有意识到，但这个为期一年半的课程在我的人生中扮演了重要的角色。我在课程中学到的研究技巧和批判性思维技巧，为我日后学习如何交易铺平了道路。

硕士毕业后，我还有大约3年时间才能退役，所以为了提高自己进入法务会计公司的成功率，我加入了美国注册舞弊审查师协会，开始考注册舞弊审查师。我在2016年获得了这一认证，那时距离退役的时间也越来越近了。但命运和我开了个玩笑，2017年12月，我的退役请求被驳回了，我的生活出现了意想不到的转折。

我在1996年入伍，当时我觉得自己不够自律，无法就读大学并获得成功。年轻幼稚的我在高中里不是一名好学生，不懂得教育的重要性和价值。我非常幸运地在某天夜里接到了一名海军陆战队征兵人员打来的电话，当时正是深夜。如果你是一名军队征兵人员，你就会知道，他需要想尽办法来完成当月的征兵指标。

我违背了母亲的意愿，加入了海军陆战队，成了一名工程兵。在服役期间，我被派驻到日本冲绳、北卡罗来纳州的勒琼营、加利福尼亚州的彭德尔顿营、米拉马海军陆战队空军基地和圣迭戈海军陆战队新兵报到站。

我在执行高强度任务的过程中培养出来的纪律性和情绪控制能力，为我日后应对交易中的情绪打下了坚实的基础。在我服役生涯中期，我被派驻到北卡罗来纳州的海军陆战队工程师学校，担任导师和课程开发人员。正是在这个岗位上，我了解到了适当的研究对于新课程开发的必要性。

就像我说的那样，我的军旅生涯在2017年12月第四次派驻时发生了意想不到的转折。我申请在2019年3月退役，却出乎意料地被驳回了。这无异于当头一棒，使我压力重重。但它也永远改变了我的人生轨迹，因为在一个月后，当我在工作地点巡视时，在一张木桌子上发现了一本蓝红相间的书，书名是《如何以日内交易为生》（*How to Day Trade for a Living*），作者是安德鲁·阿齐兹（Andrew Aziz）。我问这本书的主人能否借我读一个晚上。读了第一章之后我立刻意识到，我为法务会计行业所做的一切准备都不重要了。这本书改变了我的人生。我当晚就意识到，我找到了自己真正的热情和使命所在。

单单是这本书的第一章，就改变了我的人生，这是因为安德鲁对交易的论述方式完美契合我的教育背景和个性。我把书还了回去，在亚马逊网站上买了一本，一周后收到了书。我又花了一个星期读完了这本书，但接下来才是困难的部分。

我打电话给我的妻子，告诉她我注定要开始我的日内交易生涯，而不是成为一名法务会计。尽管聊天内容并不轻松，但我的妻子还是支持了我（而且现在仍然在支持我！）。然后我注册成为牛熊交易者社群的终身成员，将我在那次派驻中的所有空闲时间都用来学习交易。我有一个德美利证券的账户，所以我能够在每天下午（我所在地区的下午）跟踪市场和价格图表。我也会在凌晨两点醒来观看直播课程，学习不同的交易策略，学习一些比如寻找活跃股票、寻找支撑位和阻力位的技巧。

从派驻地回来之后，我立即开始建立自己的交易站[1]，并且开始进行模拟交易。我最初的计划是在实盘交易之前先进行三个月的模拟交易，但我最终花了五个月的时间确保自己掌握了正确的风险管理方法。通过我的研究和社群中其他成员的分享，我了解到，交易者在学习过程中能否坚持下来的关键因素是他们的心理。

在模拟交易阶段，我在心理层面上花费的时间不亚于我在技术层面上花费的时间。在我投入真金白银之后，我甚至花了更多时间将我从交易心理学家的著作和文章中学到的东西加以理解和运用。在接下来的一年半时间里，我每天早上六点半到七点半（太平洋时间）在我的办公室里进行交易。我和牛熊交易者社群的许多成员建立了深厚的友谊，也很幸运地得到了卡洛斯·莫雷塔（Carlos Moreta）的指导，他是我们社群的一名组织者。我也很幸运地在社群举办的五次见面会上见到了安德鲁。

从军队退役之后，我实现了通过交易谋生的梦想，安德鲁还邀请我作为一名组织者加入了牛熊交易者，为我们的心理学中心开发课程。去年我很荣幸能够与一群交易心理学家和绩效教练一起工作和学习，其中包括乔纳森·卡茨博士（Dr. Jonathan Katz）、肯尼思·里德博士（Dr. Kenneth Reid）、克雷德·希伊-凯利（Créde Sheehy-Kelly）和内达·昌吉兹（Neda Changizi）。

---

① 交易站（trading station）是指为了实时看盘、快速交易所需的一整套电脑硬件和软件。

根据我们各自的专业领域，我们为交易新手和老手打造了一个无与伦比的资源中心。我负责开发一系列讨论交易心理学理论方面的在线研讨会。卡茨博士和里德博士负责指导我们的成员，帮助他们克服交易中经常碰到的各种心理障碍。内达·昌吉兹精通正念练习，知道怎样运用正念提升交易质量乃至人生质量。克雷德·希伊-凯利指导交易者获得心理上的优势，帮助他们找到并纠正那些阻碍他们发挥出最高水平的思维缺陷。

我也很荣幸能够在安德鲁的最新创业项目峰值资本交易中担任首席培训官，这是一家总部位于加拿大温哥华的自营交易公司。最近，我和安德鲁合著了《掌握交易心理学：通过真实交易者的亲身经历提高你的交易水平》（*Mastering Trading Psychology: Improve Your Trading with Firsthand Reports by Real-Life Traders*）一书。

PART 1

第一部分

# 你是怎样的交易者

第一章

# 了解你自己

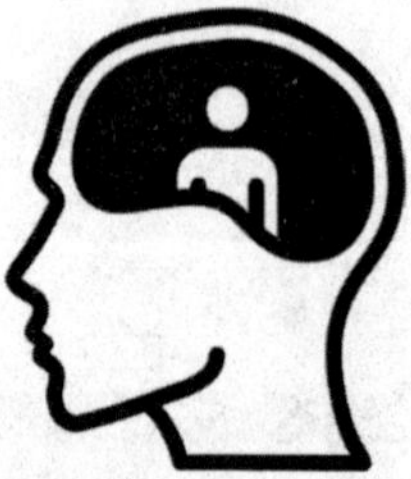

**交易心理学的秘密是……你自己!**

## 找到成功的秘诀

许多新手交易者，特别是那些认为能够通过交易快速简单地赚到钱的人，会觉得这里面一定有某些内行人才知道的“妙招”或者“秘诀”，只要掌握它们，就可以奇迹般地成为一名成功的交易者。有些人认为成功的关键在于掌握交易技术，但他们在学习技术之后很快会发现，操作软件和阅读图表相对来说并不难。

交易成功的“秘诀”不在于交易技术，而在于交易者的思维。换句话说，秘诀就是**你自己**！成功交易的关键在于交易心理。

一旦你投入真金白银，你就会面临很大的挑战。这些挑战的根源都来自由无数生活经验和数十年的学习经验塑造而成的你的性格，它们隐藏在你的潜意识当中，对你的想法和行为有很大的影响，它们还可能会导致你的偏见。就像交易心理学家马克·道格拉斯（Mark Douglas）所说的，这是你自身编码当中的错误。

当你正在交易时，没有人能够了解你的想法和感受，只有你自己才能了解并改变你的行为。

价值观塑造了你的心态，心态会转变成行为。作为一名交易者，你的行为就是你在交易平台上的操作。也许你的大多数行为都是积极的，且对你的交易是有利的，但在很多时候，你的行为可能是有害的，甚至会产生灾难性的后果，例如，报复性交易、过早卖出、过早买入、草率行事、没有及时行动等等。

你不想出现这些行为，所以为了改正它们，你首先需要了解这些行为背后的原因。导致你行为的关键因素是你的思维方式。

## 理解思维方式和交易

你的思维方式来自你的观念和心态，是基于你的价值观而形成的。虽然你的思维方式是你性格中不可或缺的一部分，可以追溯到你的童年早期，但是随着你不断学习和成长，思维方式是可以随着环境的改变而改变的。思维方式会根据角色的不同而产生很大的差异，你作为父母时的观念和心态，与你作为配偶、朋友和员工时的观念和心态是不同的，尽管这里面也有重叠之处。当你作为一名交易者时，你需要了解哪种思维方式有助于你取得成功，并且将这种交易思维融合到你的基础性格当中。

一旦你开始学习如何交易，你就会接触到无数关于哪种思维方式最能使你在交易中取得成功的建议。你接触到的每位交易者、读过的每本书和每篇文章、看过的每个视频和播客、听过的每位研讨会发言者的发言，都会从不同角度阐述这个问题。但你必须记住，每位交易者都是独特的个体，都有独特的性格。你只有在真正了解自己的优点、缺点和基本的性格之后，才能找到属于你的思维方式，适合别人的思维方式不一定适合你，就像适合别人的衣服不一定适合你一样。只有找到适合你自己的思维方式，它们才能在交易中起到作用。合适的交易思维就像建筑的地基，是至关重要的第一步，其他的步骤都建立在它之上。但仅仅有地基也是没有意义的，在交易中，你的行为就是地基上面的部分。

## 理解价值观、心态和行为

在你出生后，你的人生就开始被你的父母、社会环境和自身经历所塑造。这些因素决定了你是一个怎样的人，决定了你对于生活特定方面的价值观、心态和行为。在交易中，一个经常引发矛盾的基本观念是你看待金钱的方式以及金钱在你的生活中意味着什么。我认为，这对于绝大多数交易者而言可能都是最难应付的一个问题，毕竟金钱关系到家庭的安全和保障。对于许多人来说，我们投入的工作量和得到的报酬成正比；但在交易中，这种关系并不存在。如果你不明白这一点，你在市场中的心态和行为就会受到影响。让我们来看看价值观、心态和行为是怎样相互联系的。

行为来自你的心态，而心态受到你的价值观的影响。因此，如果你想改变你的行为（即你的反应），你就需要了解在特定情况下你的心态是什么。一旦你弄清楚这些，你就能够合理地分析你需不需要为了改变你的行为而改变你的价值观。

价值观是一个人性格的基础，在成年早期形成的价值观往往会伴随你的一生。但这并不意味着价值观再也无法改变。不过，一个人往往要经历某些人生大事才能改变他的价值观。什么是人生大事？对我来说，新兵训练营、婚姻、我的儿子和女儿的出生、我的派驻、我的退役，都是我人生中的重大事件。你的人生大事可能很不一样，我希望它们都是积极的，但不幸的是，有些事情是消极的，甚至是灾难性的。结婚或离婚、出生或死亡、升职或离职都可以算是人生大事。

我自己的军旅生涯就能证明，一个人的价值观可以发生根本性的改变。军队希望每位海军陆战队成员都把团队利益放在自身利益之上，他们希望新兵能够无私奉献，随时准备帮助他人。尽管许多父母在孩子成长过程中以同样的理念教育他们，但父母不会像军队一样着重灌输这些价值观。

在海军陆战队中，团队发展是最重要的，我相信在其他军种中也是如此。如果士兵不愿意帮助团队，或者将自身利益摆在团队利益之上，他就会因此受到惩罚。在新兵训练营里，常见的惩罚就是额外的学习或者额外的体能训练。最终，每位新兵都培养出了团队精神，他们至少会在团队利益面前克制自己的个人欲望。对于士兵乃至他们的家人而言，参加新兵训练营就是一个改变他们人生的重大事件。

在参加新兵训练营之前，我是一个不守规矩、没有感恩之心、自私自利的人。我是我们家两代人以来唯一的孩子，所以我的所有姨妈和祖父母都把我看作他们自己的孩子，对我百般宠爱。但当我来到圣迭戈海军陆战队新兵报到站的黄色脚印标记处时，这一切都改变了。黄色脚印标记画在军营前的地面上，目的是让新兵们知道集合的时候应该站在哪里。在短短三个月里，我就明白了团队协作和纪律的重要性。那个总是调皮捣蛋的青少年，成了一个尊重社会和他人的成年人。

我的家人对我的转变感到非常惊讶，我自己也不敢相信。1996年加入海军陆战队的决定永远地改变了我的一生，尽管我当时还不知道这一点。我从一个知道自己读不完大学的孩子，变成了一个取得会计工商管理学士学位和法务会计硕士学位的成年人，之后还为两家公司（牛熊交易者和峰值资本交易）开发了心理学课程。

在交易中，对你的心态和行为影响最大的就是你看待金钱的方式。当涉及金钱时，无论我们的交易账户规模如何，我们都会变得高度情绪化，特别是在亏钱的时候。毕竟我们交易的目的就是赚钱，在交易中赚钱能够使我们获得成就感和快乐。社会每天都在给我们灌输这种金钱观。成功意味着你可以拥有豪华汽车、大房子和随心所欲的自由。金钱就是力量，我们都会想象自己赚到钱之后会做些什么。我们的财务状况和我们的日常生活已经融为一体，以至于许多人都没有意识到金钱对我们的控制程度有多大。

我们看重金钱，所以金钱会影响我们的心态，从而影响我们的行为。因此，如果你想改变你的行为模式，你就要深入地剖析自己，了解这种行为模式从何而来。当你与成功的交易者交流时，很多人会告诉你，他们是在经历了严重亏损之后才开始赚钱的。他们对于金钱的看法、对于亏钱和赚钱的感受在亏损过后发生了改变，这使他们的交易水平得到了提升。通常而言，交易者只有在经历过严重亏损之后才能领悟到这些。爆仓对于不同的人来说有着不同的意义。亏损500美元对于一位交易者来说可能不算什么，但对于另一位交易者来说可能就相当于损失了账户金额的10%。要想改变你对于金钱相关的行为，你需要思考你对金钱的态度是怎样的，以及你最初为什么这么看重金钱。每位交易者都有不同的价值观。你需要问自己的是，你的价值观对你有利还是有害。要做到这一点，你就需要认真审视自己，这绝非易事。

## 本章重点

- 有效交易的关键在于交易心理。
- 价值观有助于塑造心态，心态可以产生行为。
- 作为交易者，你需要采取有利于交易成功并且和你的基础性格相匹配的思维方式。
- 交易中的亏损经历能够改变你对金钱的看法，帮助你成为一名更成功的交易者。

第二章

# 直面挑战

## 面对独特而严峻的挑战

在交易生涯中会有许多独特而严峻的挑战。每位交易者都需要像首席执行官一样思考和行动。你需要管理好自己以及你的事业的方方面面，这对于习惯做员工、听候他人差遣的人来说是一个很大的转变。

我在自己的交易生涯里遇到过许多挑战，有些挑战直到今天还存在。对于每位交易者来说，了解这些心理挑战是很重要的。有些问题很容易避免，有些问题则没有明确的答案。但我相信，了解它们是解决问题的第一步。你必须清楚，不单单是你会遇到这些问题，几乎每位交易者都会遇到。知道了这一点，你就会避免将问题个人化，从而帮助你在坚持无休止地学习交易的过程中保持信心。

作为新手交易者，有些挑战是你意料之中的，但也有很多挑战是你意想不到的。关键是要记住，你应对这些挑战的方式会决定你在交易中的成败。你很可能会感到你在攀登一座巨大的冰山。

为了在冰山上凿出一条路来，你会在交易生涯中遇到严峻的挑战。你必须真正了解你在做什么，以及为什么这样做。唯一能回答这些问题的是你自己。不管答案有多么吓人，你都要面对自己。在学习交易的过程中，你必须了解自身，控制你的情感，让你的大脑习惯于通过概率而非确定性的方式思考。

我在犹豫要不要用《黑客帝国》(*The Matrix*) 来做比喻，因为它是很老的一部电影了，不过在讨论交易心理学的过程中，它是相当合适的。你是想服下红色药丸（如果你正在阅读本书的纸质版或者kindle版本而非电子书版本，图2.1中左侧的是红色药丸），努力了解真实的自我和自己真正的兴趣，还是想服下蓝色药丸（图2.1中右侧的药丸），继续走过去的老路，为自己的行为找借口？

**图2.1　红色药丸还是蓝色药丸？**

如果你决定服下红色药丸，请考虑下列问题。

## 一步一个脚印

安德鲁·阿齐兹在他2020年版的《如何以日内交易为生》的第十章中讲到，成功需要循序渐进：

> 新手交易者往往想一步登天，然后在这个过程中亏了钱，从此放弃了日内交易，觉得日内交易不可能赚钱。请记住，要一步步来。要想在日内交易中获得成功，就要一步一个脚印，只有把当前这部分内容完全掌握了，才能开始学习下个部分的内容。

在学习如何交易的过程中，你必须熟练掌握一个步骤之后再学习下一个步骤。在生活中，急于求成往往会一无所获。当你仅仅专注于一个任务时，不管是交易还是其他任务，你都不会有太大的压力，你会更加顺利地完成你要做的事情。

为了了解自己的心理，从而提高交易水平，你需要问自己一些探索性的问题，并且诚实地回答它们。也许你眼中的自己和现实中的自己迥然不同。

## 接受自己

自我反省是很难的，因为我们倾向于按照自己想要的方式看待自己。我们经常会低估自己的弱点，过分强调自己的优点。而且，我们没有考虑到我们的盲点，因为如果我们考虑到它们的话，它们就不是盲点了，而是会成为缺点或者优点。为了能深入地分析自己，你需要制订一个自我反省的计划。这听起来很简单，但你无法通过简单地照照镜子就能得出答案，这就是学习交易如此之难的原因。为了制订你的计划，我建议你坐在一个安静舒适、让你感到平静的地方，关掉电视，远离手机、电脑和其他你能想到的干扰物。就这样安静地坐着，仔细思考你应该如何诚实地评估你的优缺点，以及你意识和潜意识中的偏见。制订好这个计划之后，你就可以开始认真分析影响你交易的因素是什么了。

为了帮助你起步，我提供了一些基本的问题供你回答。列表中的只是一些示例，你可以问自己更多的问题，我希望这些问题能够在你开始更好地了解你的心理如何影响你的交易时提供给你一些提示。有些问题可能很容易回答，有些问题可能很难，还有些问题可能是你根本没有想到过的。关键是你要诚实地回答，否则你就没有必要花这个时间了。要记住，自我反省的最终目标之一，就是不要过分强调你的优点，也不要低估你的缺点。

- **你觉得自己是个怎样的人？记得要诚实回答**。你觉得自己好还是不好？你想要变得更好吗？你想要为社会奉献更多，少一点自私吗？你可能会惊讶地发现，如果你对自己有负面看法，你就会无意识地在交易市场上进行自我破坏，以阻止自己获得成功。

- **你是否感到快乐？生气？沮丧？不如意？不耐烦？**你的生活状态非常重要，它对你的交易有着巨大的影响。我知道这也许很难理解。交易不应该占据你的整个生活。交易是你生活的一部分，但你也要从其他事情中收获满足感，例如花时间与亲友相处、旅游、爱好、运动和慈善服务。当你的人生不再局限于交易时，交易的输赢就无法定义你的成败。

- **什么使你快乐？是胜利、金钱，还是雇主的认可？**这是建立在前一个问题之上的一个重要的问题。我们所有人都渴望快乐，如果你能够清楚地找到使你快乐的事物，你就能够更加专注于生活中的重要事物。当谈到交易的时候，是交易的结果使你快乐，还是你交易成功之后能够做到的事情使你快乐？

- **你是一个自信的人吗？还是说你只是外表看起来自信？**这是一个很难回答的问题，因为社会要求我们在自己参与的每件事情上都要保持自信。如果一个陌生人走到你的面前，问你是否自信，我觉得你会说是，因为你不想给陌生人留下负面的印象，在我们的社会中，缺乏自信是软弱的标志。但你在交易时，严格来说你面对的只有市场，其他人不重要，其他事情也不重要。如果你在回答这个问题时欺骗自己，你就有可能承担不必要的风险，你的交易生涯可能在还没开始之前就要被迫结束。诚实地面对自己，不要试图愚弄市场，因为市场真的不会在乎你是谁。

- **你如何应对压力、挫折和失败？**我敢说，你一定会在交易中经历失败。你必须知道，不管你做了多少学习和准备，你都会遇到挫折。你如何应对这些情况，以及你如何处理内在的心理压力将决定你的成败。如果你在之前的职业生涯以及在你的一生中都是成功者，那么这可能会是你最难应付的一个挑战。如果你曾经在人生中有过挣扎，但最终成功克服了它们，交易中的挫折仍然可能会使你难以招架，因为你有可能在潜意识里竖立了一道屏障，阻止了这类情感的出现。不管你的情况如何，市场都会迫使你处理你在压力、挫折和失败面前的情绪反应。

最困难的任务之一是找出你潜意识中的偏见。这些偏见是你通过长时间的生活经验而形成的。你需要诚实地面对这些偏见，因为只有诚实面对才有助于改变你的行为。有许多方法可以帮助你找出潜意识中的偏见，但我建议你先了解什么是“借口”“正当理由”和“合理化”。我的定义是：

- **借口：**把问题归咎于某个人或者某样东西，从而减轻自己的责任。
- **正当理由：**显示某样东西是正确的、合理的。
- **合理化：**试图用合乎逻辑的理由解释某种行为或态度，尽管这种解释是不合适的。

合理化是使你的行为正当化的一种手段，你会告诉自己一些有道理的谎言，维持你比现实中的自己更好的假象。借口无非就是你用理由向别人解释你所做的事情。请记住，借口对于编造它们的人来说是最中听的，而其他人根本不会在乎。以下就是我在刚开始交易时最喜欢用的一个借口，我会用它来解释我没有下单交易的行为。

在最开始的一年半的时间里，我的实时交易是在我的办公室里通过威瑞森热点（Verizon Hotspot）进行的。如果你使用过热点连接，你就知道它们有时候会断线。所以我在做任何一笔交易之前，都会查看一下平台上的网络延迟是否在可接受的范围之内。如果它不是在一个可接受的范围内，即使出现了极佳的机会，我也不会做这笔交易。这似乎很有道理，但是我心中的可接受范围会随着这笔交易的走势发生变化。假如这笔交易是错误的，那么我的理由就有了依据，我不做这笔交易是正确的。问题在于，不管网络延迟是不是在可接受的范围之内，我都会认为我因为网络延迟而不做这笔交易的决定是正确的。

如果我没有做出的这笔交易往我原本希望的方向发展，那么我总是会解释说，因为网络延迟超出了可接受的范围，所以我才没有做这笔交易。希望你能够看出这里面的荒谬之处。真正的问题不在于网络延迟，而在于我需要让自己一直做正确决定的需要。只要我能够找到借口或理由解释我的行为是正确的，我就不用面对遇到失败和挫折时的恐惧心理了。这是我潜意识当中的偏见，我足足花了六个月才真正意识到这个问题。当我意识到这个问题的时候，我正在和我最信任的知己——我的妻子——聊天。她很乐意地向我指出，我总是需要让自己一直是正确的，我总是擅长用各种理由为自己的想法和行动辩护。多亏了她的提醒，我才能坐下来进行反思，并且发现她说的完全正确，我需要在交易中改掉这一点。神奇的是，在理解了我的网络延迟“问题”之后，我的交易方式发生了很大的改变，这也使我的权益曲线掉头向上。

## 本章重点

- 作为一名交易者，你需要管理好自己以及你事业的方方面面。
- 作为一名交易者，你最大的挑战是真正理解你做出每种交易行为的原因。
- 为了在交易当中获得成功，你需要循序渐进地学习并改善你的交易。
- 作为一名交易者，你需要诚实面对自己，并找出你潜意识当中的偏见。

第三章

# 全面交易者的概念

## 培养三根支柱

“全面交易者”有三根重要的支柱：**技术、策略和心理**。要想持续盈利，交易者必须同时拥有这三根支柱，而且不能有短板，它们也是“全面交易者”的前提。在你学习成为一名交易者时，三者之间的平衡可能会随着你的发展而发生变化，但它们不是相互排斥的，而应该是得到同步发展的。当你感到你花在某一方面的时间太多时，你应该反思一下自己是否忽视了其他两个方面。

**技术：**这是三者当中最容易掌握的。你需要了解你的券商和你的交易平台之间的差异，了解它们相互作用的方式。有些工具和资源可以帮助你成为一名更好的交易者，它们包括：

- **券商**。你需要完全了解券商对你收取的佣金和费用，以及券商执行交易的方式。

- **交易平台**。交易平台可用于分析股票和下单交易。在我看来，交易平台是交易站最重要的部分。你要非常熟悉它的操作方法。不是每个交易平台都是一模一样的。每个交易平台都会提供不同的功能和特点，有些平台的特点取决于你所做的交易类型。

- **快捷键**。快捷键也许对波段交易者和其他类型的长线交易者来说并不重要，但如果你是一名日内交易者，快捷键对于使你的交易效率达到最高至关重要。你需要了解快捷键的使用方法，对于日内交易来说，你选择的交易平台一定要支持快捷键。

- **选股器**。如果你准备自己购买选股器，而不是使用交易社群提供给成员的选股器，那么你一定要确保你选择了一个优质的选股器。选股器也是你交易站当中不可或缺的一部分，因为你可以使用它来找到在每个交易日中最活跃的股票。就我个人而言，我最喜欢交易观点（Trade Ideas）的选股器软件。

- **聊天群组/社群**。交易可能会非常困难，而独自交易可能会更加困难。我强烈推荐你加入一个符合你交易风格的聊天群组或者交易社群。当然了，正确交易股票的方式不止一种，所以无论你做什么，都不要为了迎合你喜欢的交易社群的风格而改变自己的交易风格。在你找到适合你的交易社群之前，可以多体验不同的社群。我很幸运地在初次尝试时就找到了合适的社群，但我知道对于大部分交易者来说，找到合适的社群往往要花一段时间。如果你还没有加入交易社群，我推荐你尝试一下我所在的牛熊交易者社群，看看它是否适合你。

- **记录日志**。这也是技术的一个很重要的方面，同时它也涉及策略和心理。你需要确定你用来记录日志的工具。记录日志包括整理你的数据、记录你的情绪、跟踪你的交易进展。然后你可以借助这些信息调整你的策略和心理，提升你的交易水平。我本人使用微软的OneNote来记录文字信息，使用Excel和Chartlog.com来跟踪我的数据。

**策略：** 新手交易者把大部分时间花在了策略上面。它包括分析市场、制订策略、确定交易内容和风险管理。因为本书的重点是交易心理学，所以我只会简单地谈谈这个话题。如果你想深入了解细节的话，我推荐你（请原谅我的偏好！）阅读我们社群的四本书籍：安德鲁·阿齐兹的《如何以日内交易为生》和《超级短线交易的高级技巧》（*Advanced Techniques in Day Trading*），阿尔迪·阿齐兹尼亚（Ardi Aaziznia）的《股市解读》（*Stock Market Explained*），以及布赖恩·佩齐姆（Brian Pezim）的《波段交易指南》（*How to Swing Trade*）。

- **找到活跃的股票**。在你交易股票之前，你需要有一个系统来找到基于你的交易策略哪些股票是可交易的。

- **策略**。这些策略是你已经制订、测试和验证过的，它们能够使你在市场上拥有优势。如果你对你的交易策略没有百分之百的信心，你就很难在心理层面上下功夫，因为你在头脑中会不断寻找借口和理由来证明是你的策略导致了你没能盈利。

- **识别交易模式**。这和我所谓的“屏幕使用时间”有关。当你刚开始交易时，屏幕上的所有信息似乎都在你眼前一闪而过，你不知道要把目光投向哪里，不知道要寻找什么。随着时间的推移，你的大脑能够自然而然地汲取你所需的信息和数据，你甚至都不需要进行思考。到那个时候，市场似乎会慢下来，你会开始更加轻松地识别出交易模式。要想培养出这种能力，我所知的唯一途径就是坐在屏幕前，让你的大脑接收你眼前的东西。这需要花一定的时间。

- **交易管理**。它主要指的是你进入一笔交易之后怎样管理这笔交易。信不信由你，坚持留在获利盘当中比坚持留在套牢盘当中要困难得多。你要在入场之前制订一个深思熟虑的交易计划。如果你在入场之后才开始制订计划，你就会被情绪所影响。相信我，情绪会让你做出你不想做出的事情。

- **风险管理**。这是你管理资金账户的计划。如果你没有适当的风险管理计划，你的交易生涯可能会转瞬即逝。在进行实盘交易之前，我强烈建议你制订一个风险管理计划，让你能够在连续亏损时避免爆仓。

**心理：**在学习交易的过程中你会明白，一旦你确定了一个有利可图的策略，并掌握了你正在使用的技术，你就要将大部分时间花在心理上，它是你在交易过程中的一大重要支柱。本书的讨论重点就是交易心理，我会在这里简单介绍交易心理的一些方面。

● **价值观、心态和行为**。就像我之前所说的，你的价值观会影响你的心态，从而最终影响你在市场中的行为。

● **直觉**。有时候你会有一种直觉，即使所有指标和证据都摆在你眼前，你还是会觉得这笔交易不对劲。或者刚好相反，即使没有什么指标和证据支持这笔交易，你还是会觉得这笔交易是正确的。直觉需要时间来培养，作为一名新手交易者，你要对直觉特别谨慎，它可能会对你的交易心理和账户规模产生负面影响。我建议你先耐心等待，直到你能够证明你的直觉和市场相“一致”为止。

● **应对不确定性**。人们不喜欢不确定性，我们通常会利用一切机会，试图控制每一种情形下的结果。但不幸的是，在交易中，你无法控制交易的结果。不管你投入了多少精力来确保这笔交易的可行性，你可能还是会失败。我会在第六章中讲到，要想取得成功，你必须学会应对不确定性。

● **情绪用事**。情绪用事是因为你无法应对股票市场中的正常亏损，你应对亏损的心态不符合市场现实，所以你会在亏损之后带着情绪交易。摆正心态的最佳方法是了解你对于亏损的态度。情绪用事会通过害怕错过机会、害怕犯错、报复性交易、太过贪婪等行为表达出来。

# 区分左脑和右脑

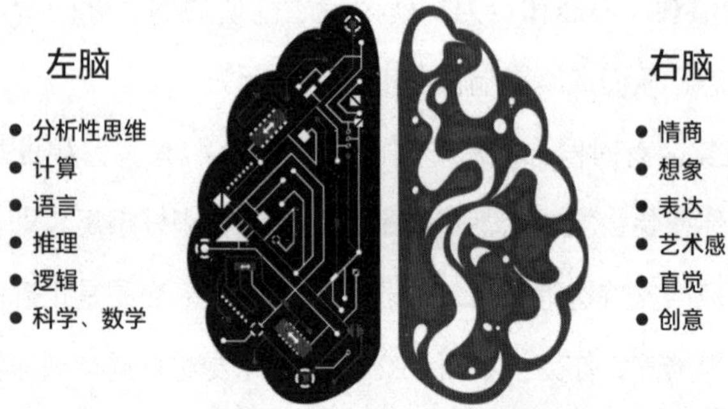


**图3.1　左脑特征 vs. 右脑特征**

图3.1所显示的左右脑理论是神经心理学家罗杰·W. 斯佩里（Roger W. Sperry）在20世纪60年代提出来的。如果你想更全面地了解这个理论，我鼓励你到网上阅读更多信息。我会在这里简单地介绍这个理论，但请理解，我不是心理学家或者其他医学专家，所以我只会关注它和交易相关的一些基础知识。

很简单，你的左侧大脑控制你的右侧身体。左脑又被称为数字大脑，负责分析性思维、计算、语言、推理、逻辑、科学和数学。如果你的左脑占据主导地位，你的逻辑和研究能力可能会比较强，且更有学术倾向。你很可能会在学术方面表现出色，尤其是在数学和科学方面。

你的右侧大脑控制你的左侧身体。右脑又被称为模拟大脑，负责情商、想象、表达、艺术感、直觉和创意。如果你的右脑占据主导地位，你更有可能在视觉感知和直觉思考能力方面表现出色。

了解这些之后，请看看图3.2，看看左右脑在交易时是怎样互动的。

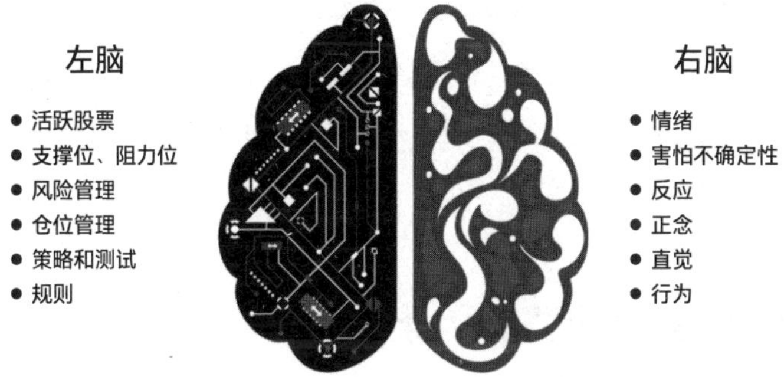


**图3.2 左脑 vs. 右脑/适用于交易者**

你可以这样理解，左脑代表着你花费了大量时间培养出来的交易技能，当交易出错导致你的账户余额不断减少时，你会回过头来寻找新的策略、新的模式以及能够解释交易失败的借口和理由。

而右脑代表了你在开盘前的5分钟，或者记录日志时的10分钟的情绪状态，在这些时候你会承认自己带着情绪。你决心第二天不再被情绪左右。但结果呢？第二天你还是犯了同样的错误。

在交易中，口头上说自己不会重蹈覆辙是不够的。为了解决问题，你需要找出你行为的根源。如果你只是偶尔花15分钟来评估你的交易心理的话，那么这个问题永远也得不到解决。你需要更好地平衡策略和心理这两大支柱所占用的时间。如果你能够把放在策略上的一小部分时间放在心理上的话，你的表现也许会有出乎意料的提升。

我们花费了大量时间培养我们的交易技能，也就是我们的左脑，但我们往往只花了一小部分时间在右脑上面，也就是交易当中的心理部分。不久之前我也是这样子的。我天生更喜欢与数字打交道，而不是处理情感。但我已经认识到，对我的交易帮助最大的是我对情感（即心理）的掌控。但我要着重指出的是，没有什么灵丹妙药可以使这个过程变得“特别简单”。你必须想方设法强迫自己处理好自己的问题。

## 找到交易中的情感因素

当你执行一次交易时，会有两个因素在你的执行过程中起作用。一是你对自己策略的信心，你有多大决心坚持你在交易时段之外制订的计划；二是你在交易中掌控情感的能力，你有多大的意志力坚持你在交易时段之外制订的计划。我相信你很清楚，从策略的角度来看，要进行实盘交易，你必须要对自己的计划有信心。如果没有的话，也许你应该考虑回到模拟盘中去进行更多的实践和练习。

我现在想要带你回顾一次典型的交易过程，我会专注于这笔交易中的情感部分而非交易技巧部分，希望能够让你对这一部分的内容有更好的理解。我把一笔交易分成三个阶段：交易之前、交易之中和交易之后。

### 交易之前

当指标和证据开始显现，你事先关注的交易机会出现时，交易的第一阶段就开始了。你开始兴奋起来，心跳快了一些，你坐在椅子上，看着设定的入场点越来越近，你的身子开始向屏幕倾斜。随着股价越来越靠近入场点，你开始紧张起来，想着自己是否错过了机会，自己本应该早点入场。然后股价开始回落，这是你原本期待的，但你又开始质疑现在的入场时机是否正确。你问自己，股价到底是暂时回落还是反转？忽然间股价又开始飙升了……然后又急剧回落。现在你的心怦怦直跳，你放在快捷键上的手指不自觉地颤动。这似乎是个入场的好时机，支持这笔交易的指标和证据都已经出现……但你总觉得哪里不对劲……此刻你的眼中只看到了其他不支持这笔交易的指标！在这个紧要关头，你必须决定你要听从自己的左脑还是右脑。要不要入场？赶快决定！

## 交易之中

你终于下定决心入场了，但你的情绪并没有因此而缓和下来。事实上，你的情绪不断涌上来，一波比一波强烈。你听到自己说："太好了！股价上涨了。我的交易方案是有效的。"但接下来是："啊，不好！股价开始下跌了。我的直觉是对的。我不应该入场……不过等等，股价又开始上涨了！""好！继续上涨吧！""等一下！哎呀！股价又开始下跌了。"你开始疯狂地寻找信号来帮助你决定是要留在交易中还是要退出交易。你的心跳仍然很快。你的头脑在告诉你，既然赚到了钱，就应该获利了结。"不要浪费了这笔盈利！卖出！卖出！卖出！"你被自己说服了，退出了这笔交易。

## 交易之后

卖出的那一刻，你平静下来了。你毫发无损。你的身体和内心已经从亏损的危险中脱离了出来，并且赚到了一些钱。但是等一下！你的股票又开始上涨了，而你已经卖出去了。“该死的！我知道我不应该卖掉的。为什么我卖掉了？我当时在想什么？啊，现在股价已经到达了我的盈利目标。该死的！”你非常懊恼自己没有坚持原来的计划。你开始感到生气和沮丧。现在你必须决定要重新买入还是要到此为止。

我希望通过这个例子你能明白，当你的交易机会出现时，你的不确定性也会出现。你的右脑希望保护你免遭损失，但你最好忽略这个信号，专注于交易计划的执行而非结果。为了盈利，你需要具备这种情商。

## 提高情商

情商就是你在交易时识别和掌控情绪的能力。如果你在交易时有较高的情商，你就能减轻压力，阅读市场信息，避免在交易中情绪用事。要做到这些，你就要在股价波动时控制你内心的冲动情感和行为。由于你知道自己的优点和缺点，并且对自己的交易计划有信心，所以你能够知道在交易之前、交易之中和交易之后，你的情绪如何影响了你的思考过程。知道了这些能够让你明白，不是每笔交易都能如愿以偿，你肯定会在某些交易中尝到苦头。但如果你的情商够高，你就会明白每一笔交易都是独立的，这样你就能够更好地执行下一笔交易。

那么问题就变成了怎样才能提高情商？为了克服你的情绪，你必须找出引发你的情绪反应的确切原因，要做到这一点，唯一的方法是关注你的情绪，在日志中把它们记录下来，然后面对它们。如果你继续逃避或者找借口合理化你的情绪，它们就会悄悄地跟在你的身旁，像一个忍者一样跳出来，夺走它们想要的东西，让你震惊于自己一次又一次的重蹈覆辙。

要想找出导致问题的情绪，记录日志是最简单的方法。日志是新手交易者在学习盈利的过程中最重要的工具。我想再次提醒你，记录日志不仅可以通过记录你所做的每一笔交易来改进交易策略，它还可以帮助你找出心理问题，但前提是你必须要在收盘后立刻记下你当天所做的每一笔交易背后的想法。图3.3是我平时使用的表格，你可以看到，我会从心理层面分析我的每一笔交易。

**交易日志**

**（心理分析）**

- **盘前情况**：________________
- **我在盘前时的想法**：________________
- **我对市场的看法**：________________
- **交易之前**

  > 专注：________________

  > 信心：________________

  > 焦虑：________________

  > 平静：________________

（接上图）

> 害怕犯错：____________________

> 犹豫：____________________

- **交易之中**

> 专注：____________________

> 信心：____________________

> 焦虑：____________________

> 平静：____________________

> 害怕犯错：____________________

> 自我破坏：____________________

- **交易之后**

> 纪律：____________________

> 勇气：____________________

> 耐心：____________________

> 客观：____________________

> 满意度：____________________

> 能力：____________________

**图3.3　交易日志（心理分析）**

为了填写这份表格，我会在交易时抽空写下笔记，这样我就能够在收盘后记住我要写的内容。我更喜欢打字，我觉得这是最快和最简单的方法，但你也可以手写或者使用录音机录音。在每一处填写的地方，我都会问自己我当时的情绪反应是什么，这些情绪如何影响了我的交易。你记录下来的这些信息不会马上派上很大的用场。你需要用一段时间建立一个回忆数据库之后，才能充分利用这些信息。为了准确起见，你记录下来的想法必须要离你的实际交易时间越近越好。以下是我在每一笔交易之前、之中和之后会问自己的问题。

问自己的问题：

- 交易机会出现时你在想什么？
- 入场之后的那一刻你在想什么？
- 在交易当中你在想什么？
- 你当时在做什么？
- 离场之后你有什么反应？
- 是什么让你忽视了你的盲点？
- 这笔交易值得以后效仿的优点在哪里？
- 这笔交易留下了哪些在以后需要避免的教训？
- 你应该在哪些地方取得进步？
- 这笔交易有什么关键性的收获？

无论你怎样记录这些信息，久而久之，你都会得到一份关于你的想法和情绪的笔记集。然后你可以查看你的日志，令人惊讶的是，你很快会发现，里面有一些内容是不断重复的。我建议你每周都回顾你的日志，找出你哪些地方做得不错，哪些地方需要改进。另外，每个月查看一次日志也很有好处，你可以从中发现一些更宏观的问题。

你在日志中分析每一笔交易时，一定要确保你强调了每一笔交易的好的方面，而不是仅仅关注出错的地方。新手交易者的日志经常会出现一个问题，他们往往只专注于他们在交易中犯下的错误，而不是记录自己做对的地方。如果你经常因为你犯下的错误而责备自己，你就很难在成为成功交易者的道路上保持乐观的心态。

记录日志是我在交易生涯中不断进步的关键。在我刚开始交易的时候，我总是听到有经验的交易者在谈论记录交易日志，所以我也养成了这个习惯。我在模拟交易和学习市场知识时记录的日志与我现在记录的日志有很大的不同，但如果没有这个习惯，我就无法成为一名交易者。我发现日志中的信息只有在日后才用得上，在你刚开始记录日志的时候，你不知道日后需要哪些信息，所以你需要把所有信息都记录下来。随着交易生涯的发展，我的日志形式也发生了改变。我删去了那些没有用处的提示和问题，加上了一些对我越来越重要的内容。如果你还没有记录交易中的情绪因素，我建议你现在开始记录。图3.4和图3.5是我所使用的基本的日志形式，你可以使用它们作为起步。（如果你不熟悉我使用的一些简称和术语，我相信你可以在网上找到它们的解释。）

## 交易日志
### （自我评估）

- **身体上**
  - > 睡眠时长：________________
  - > 昨天的体能锻炼：________________
  - > 酒类：________________

（接上图）

> 饮食：________________

- **精神上**

> 警觉性：________________

> 专注度评分：________________

> 身体评分：________________

> 情绪状态：________________

> 意识：________________

- **有待进步领域的实施：**

________________

________________

________________

________________

________________

- **你昨天做了哪些有利于提升交易水平的事情：**

________________

________________

________________

________________

________________

**图3.4　交易日志（自我评估）**

# 交易日志
## （交易分析）

- 交易计划：

________________________________________

________________________________________

- 指标：

________________________________________

________________________________________

- 证据：

________________________________________

________________________________________

- 风险管理计划：

________________________________________

________________________________________

- 盈利目标分析：

________________________________________

________________________________________

- 止损点设置：

________________________________________

________________________________________

- 入场的执行：

________________________________________

________________________________________

（接上图）

- 交易管理的执行：

______________________________

______________________________

- 心理：

______________________________

______________________________

- 总评分：

______________________________

______________________________

- 做得好的地方：

______________________________

______________________________

- 做得不好的地方：

______________________________

______________________________

- 可以改进的地方：

______________________________

______________________________

- 违反的规则：

______________________________

______________________________

- 股票信息：

______________________________

______________________________

**图3.5 交易日志（交易分析）**

# 警　告

我在下面列出的四点内容是你在自我评估时更加难以处理的内容。根据我的经验，我知道这四点内容会阻碍你的进步，让你一开始就感到很痛苦，因为这些观念在我们的成长过程中已经根深蒂固：

1. 无论什么时候都要赢，都要正确。

2. 要变得出众。

3. 用成就和名声衡量自己。

4. 当别人指出你的缺点时会感到被冒犯。

你可能会在这些观念上感到很挣扎，我知道，单凭自己想要克服它们是很难的。这就是加入交易社群的重要性，你可以从更有经验的交易者那里寻求帮助，无论你正在面临什么样的问题，他们都已经经历过了。

# 总　结

总而言之，你的目标是平衡你用于发展技术、策略和心理这三者的时间。如果你在某一个方面花费了太多时间，而忽视了其他方面，你就会在交易中继续遇到困难。

## 本章重点

- 交易者想要持续盈利，必须同时拥有技术、策略、心理这三根支柱，而且它们需得到充分发展。
- 如果你的左脑占主导地位，你的逻辑和研究能力可能会比较强。如果你的右脑占主导地位，你的视觉感知和直觉思考能力可能会比较强。

- 为了克服你作为一名交易员时的情绪，你必须找出引发你情绪反应的确切根源。

第四章

# 交易风格

## 匹配交易风格和交易者的性格

你在选择交易风格时需要灵活一些，了解某种交易风格在什么时候不适合你，但你也要有连贯性，即使在表现不佳的时候，也要坚持正确的交易风格。新手交易者通常会犯的一个重大错误是，一遇到挫折就改变交易风格（以及交易系统）。经常改变交易风格和交易系统会让你每次都与正确的趋势失之交臂。一旦你对某种交易风格感到舒适，你就应该坚持下去，长期来看，你的忠诚将会得到回报。

怎样才能知道你的交易风格能够让你在市场上取得优势呢？我认为，你首先应该在模拟盘里证明你的策略能够实现目标，然后再将这种交易风格运用到实盘交易上。这样做有两个重大意义。第一，你可以证明，当你不带任何情绪进行交易时，这个策略能够取得成功。第二，由于你在模拟盘里验证了这种交易风格的可行性，所以当你投入真金白银却没有得到预料之中的结果时，你就很难怪罪于这种交易风格。模拟交易和实盘交易的结果差异来自你的心理问题。因此这个过程为你创造了一个机会，能够让你反思你在实盘交易里做了哪些不一样的事情，从而使你开始应对和改善你的交易心理。

如果你是新手交易者，你可能很难找到最适合你性格的交易风格，但如果你想作为一名专业交易者获得长期的成功，你的交易风格是一个必要条件。你要寻找的这种交易风格不仅要使你感到舒适，还要符合你的性格。如果其中任何一项不符合，你就会跟自己的内心不断冲突。下面我会介绍一些比较广泛的交易风格（不是交易策略），它们可能适合你，也可能不适合你。接着我会介绍AWARE®模型以及“五种交易者类型”的概念，或者说五种交易者性格，它是由临床心理学家肯尼思·里德博士提出的。你要明白，没有哪种交易风格或者交易性格适用于所有人。你需要通过自我评估找到你的优点和缺点，这样你才能成为一名更好的交易者。

## 交易风格

要想把所有不同的交易风格介绍给你几乎是不可能的，因为两个不同的人可能会对同一种交易风格有着不同的称呼。在学习交易的过程中你会发现，交易风格根本没有固定的标签。为了方便起见，我会将日内交易分成五大风格：超短线和动量交易、当日交易、突破交易、趋势交易和反趋势交易。这些风格之间的一个重要区别是交易持续的时间。例如，超短线和动量交易只会持续几秒钟，最多几分钟。

## 超短线/动量交易者

超短线和动量交易最适合活跃的交易者，他们能够迅速做出决定并果断采取行动。超短线交易者也是那种喜欢另辟蹊径的人。最优秀的超短线交易者和动量交易者往往是那些没有耐心的人，因为他们想要快速获得盈利，如果股价风向不对，他们就会立刻卖出。超短线交易是一种非常快速的交易风格，交易往往会在短短几秒钟内完成，而且往往兼具两种方向（例如在这一分钟内做多，在下一分钟内做空）。一名成功的超短线或动量交易者需要全神贯注。这种交易风格不适合那些容易分心或者经常开小差的人，所以如果你在阅读这段话时走神了，那么超短线和动量交易并不适合你！

## 当日交易者

当日交易适合那些喜欢在市场上采取“行动”的人。这种交易风格更适合那些喜欢“当日事当日毕”的交易者。例如，如果你在粉刷你的厨房，不刷完坚决不睡觉，即使熬夜到凌晨三点也一样，那么你就应该首先考虑当日交易这种风格。许多当日交易者从来不会做波段交易或者长线交易，因为他们知道这笔还没有平仓的交易会受到夜间价格变动的影响，这将导致他们无法入睡。

## 突破交易者

突破交易是指在价格形成突破之后立刻跟进卖出或者买进的交易类型。突破交易者依靠图表规律和趋势线来分析市场，等待价格向下跌破或者向上突破关键的技术点位。突破交易者往往使用挂单交易，他们设置的价格刚好在潜在突破点位的下方或上方。新手交易者往往会在突破点进场，因为它们提供了一个清晰的入场点。突破交易被认为是一种跟随趋势的交易，能够很好地过渡到我所介绍的第四种交易风格。

## 趋势交易者

这是一种很流行的日内交易技巧，你可以从它的名字看出，它是一种跟随趋势的交易。交易并不一定都很难，趋势交易可能是最简单、获利最丰厚的一种交易方式。趋势交易者严格遵守规则，利用趋势线等技术工具找出当前的趋势，并且找到趋势反转的位置。趋势交易者不容易冲动，他们经得起回撤的考验，会在回撤时增加他们的头寸。这种交易者更倾向于为了利润而不是为了寻求刺激而交易。

## 反趋势交易者

反趋势交易是另一种流行的交易风格。这种交易风格通常比突破交易和趋势交易风险更大，因为反趋势交易的入场方向和当前趋势相反。反趋势交易者经常使用均值回归策略来开启交易，他们认为，即使股价正在向上或者向下移动，它们最终还是会回到其平均价格。反趋势交易者喜欢反其道而行之，也喜欢证明别人是错误的。

## 流行 vs. 现实

坦率地讲，最流行的交易风格是超短线交易。它很吸引眼球，能够获得社交媒体的关注，并吸引新的交易者。为什么不呢？每个人都喜欢在几分钟之内赚到数千美元。但事实上，只有一小部分交易者适合超短线交易，因为在人群中多巴胺水平较低的人只有那一小部分。大部分交易者，无论是日内交易者、波段交易者还是长线交易者，都应该关注趋势交易，因为趋势交易是缓慢型而非快速型的交易风格。如果你的交易风格不符合你的性格，你就会表现不佳，觉得自己很失败，且压力陡增，最终会使你得出自己出了问题这样的结论。这当然是不对的。你需要做的只是改变你的交易风格，让它能够匹配你的交易性格。

### 本章重点

- 如果你是新手交易者，你可能会很难找到最适合你性格的交易风格，但如果你想作为一名专业交易者获得长期的成功，你的交易风格是一个必要条件。
- 日内交易的五大风格是超短线和动量交易、当日交易、突破交易、趋势交易和反趋势交易。

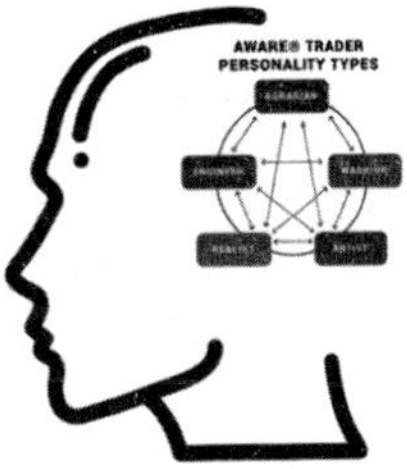


第五章

# 交易者性格

## 交易者性格（农夫、勇士、艺术家、现实主义者和工程师五种类型）

本章内容必须要归功于肯尼思·里德博士，他是一位交易者和交易心理学家，也是“专业巧妙策划”（Mastermind Pro）系列课程的开发者。很荣幸里德博士能够允许我在这本书里介绍他的AWARE®交易者性格模型，我认为它是分析交易者性格的最佳模型之一。

大部分交易者都对交易者性格一头雾水，这并不能怪他们。在这个领域中，标准的性格模型并没有给我们提供太多有用的信息。此外，由于大多数有抱负的交易者们都专注于市场而非自己，所以内省的话题很容易被忽略。

但是，每一位交易者在成长过程中的某个时刻都会意识到，唯一阻碍你成就伟大事业的是你自己，是你那些没有达到最好状态的、你似乎无法控制的习惯、偏好和信念。

如果基础没有打好，房子就很难建起来。

为什么？因为你的交易者性格是在后台运行的，它包含了你的优点和缺点，包含了你的预设、偏见、冲动和盲点。它会决定你如何界定交易机会，如何管理风险、压力和情绪……它会使你一次次地重蹈覆辙，即使你在认知上有了提升。

你的交易者性格会影响到你交易的所有方面，这就是为什么在一群使用相同工具在相同市场上交易的人当中，不会有两个人的交易完全相同。就像盲人摸象的古老寓言一样，每个交易者的行动都是从主观角度出发的。

AWARE®模型描述了五种交易者类型，我会在下面一一介绍。每种类型都包含一些相互联系的特征。没有谁是单一类型的人，每个人都是这五种类型的独特组合。

就像遗传编码中的基因一样，你有一种（或多种）“显性”的交易者类型，以及一种（或多种）“隐性”（即还没有完全表现出来）的交易者类型。

为了充分发挥你的潜力，作为一名交易者，你需要通过控制你的某些显性倾向或提高你的隐性能力，以此来调整你原有的性格结构。

这种重新调整的过程会随着时间的推移自然而然地发生，但试错的过程比较缓慢，而且要付出很大的代价。幸运的是，你可以通过了解你原有性格结构的弱点，有意识地培养你想要的某些特定的习惯和技能，以此来加速改变你的性格。

当你阅读下面的描述时，请试着找出你最明显的交易者类型和最不明显的交易者类型，然后问问自己，如果你调整其中一种或者两种类型对你的影响，你的交易是否会从中受益。

## 农　夫

农夫型交易者是有条不紊的保守主义者。他们会寻找那些每天都能遵循的可靠模式。

农夫型交易者会花费足够多的时间决定一笔交易，而且喜欢在低点买入。他们谦逊、节俭、勤奋、说话温和、专心做自己的事。

在交易中，农夫型交易者往往是趋势交易者，即便他们是日内交易者，他们也会以长线的眼光看待市场。他们会对市场指标进行跟踪，例如腾落指数（A/D线）和其他能够反映市场环境的背景指标。

沃伦·巴菲特（Warren Buffett）就是一名农夫型交易者。他至今仍居住在他1958年购买的奥马哈市的房子里。年轻时他喜欢汽车，但他一生中大部分时间都在买二手车，然后把它们修好。

下面是农夫型交易者的一些特征。我们都具备许多这样的特征，但农夫型性格可能是你的显性交易者性格，也可能是你的隐性交易者性格。你可以在自我分析时重点关注这些特征。

### 优　点

- 谨慎、一致、保守
- 有耐心、深思熟虑、有方法
- 负责任、有活力
- 擅长做计划
- 自律、勤奋

- 真诚、乐于助人

### 信念/假设

- 交易的过程应该是直接而可靠的
- 回报应该和付出成正比
- 坚持做正确的事情，就会有相应的结果

### 缺　点

- 太过依赖单一的方法
- 容易因为市场的随机性而感到挫败
- 会对亏损耿耿于怀，产生被背叛的感觉
- 对趋势变化反应迟钝，可能会持仓太久

## 勇　士

勇士型交易者与农夫型交易者截然相反。他们把交易看作高强度的竞争，需要保持坚韧和进取的心态。

勇士型交易者是一个矛盾体。他们擅长灵活变通，但也很固执己见。

勇士型交易者喜欢扛着风险前进，就像举重的健美运动员一样，他们会根据风险的大小（肌肉的大小）来衡量他们的进步。

他们习惯于刀尖舔血，很少顾及警示性的规则，例如不要在亏损时加仓。即使他们在某天亏了钱，也会庆祝自己打了一场漂亮仗。

因此，勇士型交易者会在牛熊的交替循环中大起大落，把好几个账户的钱亏掉。也就是说，如果他们能够提升其他品质，学会驾驭他们的激情，他们的能量就能成为一笔极其宝贵的财富。

杰克·施瓦格（Jack Schwager）的《金融怪杰：华尔街的顶级交易员》（*Market Wizards*）中介绍的埃德·塞科塔（Ed Seykota）就是一名典型的勇士型交易者。他最著名的是"减少亏损"（Keep Losses Small）这句话，这是勇士型交易者最难做到的事情。

下面是勇士型交易者的一些特征。我们都具备许多这样的特征，但勇士型性格可能是你的显性交易者性格，也可能是你的隐性交易者性格。你可以在自我分析时重点关注这些特征。

## 优　点

- 勇敢、专注、全力以赴
- 灵活、适应能力强
- 能在别人看到危险的地方看到机遇
- 敢于在高点做空，在恐慌时买入

## 信念/假设

- 市场是看多者和看空者之间的角斗场
- 最重要的是加入胜利者的一方
- 只求结果，不问过程
- 不要做缩头乌龟

## 缺　点

- 缺乏明确的方法，风险管控较差
- 固执己见/对抗性：使赢家变成输家
- 为了填补亏损而采用报复性交易

- 不恰当地增加头寸规模

## 艺术家

农夫型交易者是有条不紊的保守主义者，勇士型交易者是战斗者，艺术家型交易者则是即兴舞者。

艺术家型交易者喜欢另辟蹊径，他们总是选择人少的那条路，因为对新奇和未知事物的探索本身就是一种回报。艺术家型交易者痴迷于模式和可能性。他们到处都能看到模式和可能性，并且常常根据直觉心血来潮地行动。

艺术家型交易者通过经验来学习，他们的交易行为几乎都是一时兴起而来的，因此他们很容易忽略所选择的方法。总之，艺术家型交易者常常会有一种“处于伟大的边缘”的感觉，即使他们的账户权益曲线并没有往上走。

艺术家型交易者对时间的把控也很差。由于依赖直觉，他们主要用右脑思考，而右脑缺乏对时间的线性认知。

下面是艺术家型交易者的一些特征。我们都具备许多这样的特征，但艺术家型性格可能是你的显性交易者性格，也可能是你的隐性交易者性格。你可以在自我分析时重点关注这些特征。

### 优　点

- 富有创造力、擅长运用直觉、适应能力强
- 心理洞察力强，能够阅读市场的思维
- 具有较强的模式识别能力

- 通过经验学习，愿意冒风险
- 拥有概率性（而非确定性）思维

## 信念/假设

- 市场行为遵循着不断重复的模式
- 市场的密码可以被破译
- 潜在的收益几乎没有上限
- 坚持就是胜利

## 缺　点

- 很难遵守规则，即使是他们自己制订的规则
- 很难做出交易计划
- 倾向于过度关注价格走势（成瘾性的）
- 时间感很差
- 太过依赖直觉（用右脑交易）

# 现实主义者

现实主义者型交易者是五种交易者类型当中最务实的，也是情绪最稳定的。简单回顾一下：农夫型交易者是有条不紊的保守主义者，勇士型交易者是战斗者，艺术家型交易者是即兴舞者……而现实主义者型交易者是执行者。

对于现实主义者型交易者来说，交易是一种竞争性的游戏，需要用到大量他们热衷于掌握的实用技能。现实主义者不会对市场和交易方法思考太多，他们会尽量让事情保持简单，以尽快达到他们的

目标。

现实主义者型交易者不会问“为什么”，而是会问“怎么做”。

更具体的问题是：“我怎样才能盈利？”“需要多长时间？”“我怎样才能做得更好？”

现实主义者型交易者相比过程更关注结果，他们将交易视为一种成本较低的在家工作的机会。现实主义者型交易者对自己获得成功的能力充满信心，因为他们在之前的事业生涯里经常成功。他们像首席执行官一样思考，根据整体策略进行计划、修正、管理和实现目标。

如果现实主义者型交易者找不到解决方案，他们会向专家寻求建议，迅速做出改变，然后继续前进。他们浪费不起时间，也不能接受失败。

也就是说，现实主义者型交易者需要每天都获得成功，这样才能使他们感觉良好。他们会忍不住与他人进行比较，需要在心里保持一定的优越感。

下面是现实主义者型交易者的一些特征。我们都具备许多这样的特征，但现实主义者型性格可能是你的显性交易者性格，也可能是你的隐性交易者性格。你可以在自我分析时重点关注这些特征。

## 优　点

- 有野心，有竞争欲望
- 讲求实际，能捉到老鼠的就是好猫
- 注重结果，谨慎对待金钱
- 自律、勤奋的计划者

- 会直面困难并寻求解决方案

## 信念/假设

- 交易是一项伟大的事业
- 回报与努力和技能成正比
- 所有困难都有解决办法
- 成功是板上钉钉的

## 缺　点

- 爱面子
- 因此，可能无法迅速找到并解决盲点问题
- 由于过度自信，偶尔会遭受严重的亏损
- 表现不佳时会责备自己，对自己的期望很高

# 工程师

同样地，让我们回顾一下：农夫型交易者是有条不紊的保守主义者，勇士型交易者是战斗者，艺术家型交易者是即兴舞者，现实主义者型交易者是执行者……而工程师型交易者是完美主义者。

工程师型交易者时刻都在寻找预测市场的公式。但不同于艺术家型交易者的是，工程师型交易者想要找到精确的答案，而不是模糊的近似值。

他们就像大型喷气式飞机的飞行员，严格遵循一份客观、详细、顺序分明、机械式的清单进行操作。

工程师型交易者是天生的规则遵循者。他们按限速行驶，在警示

灯亮起之前就会把油箱加满。工程师型交易者在标准的神经质量表上的得分甚至比现实主义者型交易者更低。他们的问题来自另一个方面，就是把他们对精确性的追求放进这个高度随机的市场环境当中。

简化事物不是他们的强项。相反，他们会自然而然地通过增加筛选步骤来应对市场的模糊性，这会使他们的入场步骤清单显得很繁杂，不利于及时做出决策。

工程师型交易者是最谨慎的风险承担者，他们几乎从来不会爆仓。他们真的会计算风险，并且能够引以为豪地提供详细的交易表现数据。工程师型交易者宁愿不进行交易，也不愿意犯错。

下面是工程师型交易者的一些特征。我们都具备许多这样的特征，但工程师型性格可能是你的显性交易者性格，也可能是你的隐性交易者性格。你可以在自我分析时重点关注这些特征。

## 优点（工程师型交易者的许多优点与农夫型交易者相同）

- 谨慎、一致、保守
- 有耐心、深思熟虑、有方法
- 有纪律的计划者
- 依靠逻辑、分析、算法和统计数据

## 信念/假设

- 应该使用表格来跟踪交易
- 统计数据说明一切
- 交易中不应夹杂着情感

- 通过回溯测试和前向测试来验证所有理论

**缺　点**

- 过度分析导致行动瘫痪
- 研究市场时缺乏市场心理上的洞察
- 需要正确和完美
- 见木不见林（过分关注细节而忽略了整体）

如果这个概述引起了你的兴趣，我鼓励你去访问里德博士的网站https://daytradingpsychology.com，探索他对于交易心理学领域的宝贵贡献。我也建议你在https://aware-profile.daytradingpsychology.com这个网站上完成里德博士的免费的AWARE®交易者性格档案，进一步了解你的交易者性格。

选择一种交易风格并将它与一种交易者性格匹配起来，这个过程看上去十分简单，但事实并非如此。你可能要尝试许多次才能匹配成功。如果你不知道怎样解决这个问题，请继续读下去，下面这种方法能够帮助你客观评估你的选择。

## 客观评估你的进展

你可以通过你唯一能够使用的客观数据来评估你在匹配你的交易者性格和交易风格的过程中做得多好。这些数据不会对你说谎，它们没有感情，没有同情心，它们不在乎你、你的家庭或你所处的环境。但它们很能反映真实的情况。它们是什么？它们就是你的交易账户余额和你的权益曲线。它们能够衡量你所做的一切有没有奏效。尽管有很多种方法可以在市场上交易，但如果有一种方法能够确保你的权益曲线日复一日地往斜上方移动，那它就是正确的方法。你的交易风格可能不适合其他任何人，但只要适合你就行。请记住，它可能不是你想要的交易风格，但它是你擅长的交易风格。

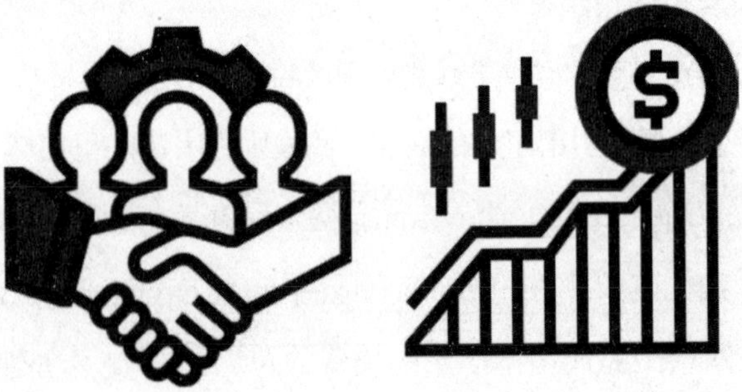

## 总　结

最后，为了达到你想要的结果，你需要评估你的交易风格和你的性格，然后将两个方面结合起来，制订一个适合这两者的交易策略。很多交易者想要颠倒这个次序。一位新手交易者可能会说："我准备成为一名动量交易者。"然后他会努力提高自己的交易技能，提高自己的交易心理，到头来却发现他根本不适合做一名动量交易者，他适合做其他类型的交易者，例如趋势交易者。在一头扎进市场想要获得成功之前，你要先做一些研究，找到你认为符合你性格的那种好的交易风格。

## 本章重点

- 肯尼思·里德博士的AWARE®模型提出了五种交易者类型，或者说交易者性格，分别是农夫、勇士、艺术家、现实主义者和工程师。
- 你的交易账户余额最能体现你的交易者性格和交易风格的匹配程度，衡量你所做的有没有奏效，需不需要修正。

PART 2

第二部分

# 心理在交易中的角色

第六章

# 确定性和不确定性

## 确定性和交易

作为人类，我们渴望得到确定性。当你确切地知道某种情况下会发生什么时，你是否感觉很好？事实上，你的大脑天生就倾向于追求确定性，它能让你控制你所在的处境。另外，当你处在一个紧张的环境下时，你会下意识地想方设法影响结果。你在做任何事情时，都会有意识地（甚至常常是无意识地）追求这种控制。当你得不到这种控制时，你就会感到无助和紧张。不幸的是，交易和确定性是不兼容的，试图在交易中强行达到某个结果只会带来不适和压力。

确定性是你的思维方式固有的一部分。我们大部分人的职业生涯要么每天与确定性打交道，要么至少能够以某种方式对我们所处的大部分环境施加某种影响。为了说明确定性和不确定性的区别，以及完全控制局势和不能完全控制局势的区别，我想给你们分享一个小故事。

在我刚入伍的时候，我善于发现问题的苗头。不管发现的问题是什么，我都不会袖手旁观，而是会主动介入这个正在酝酿的问题的局势中，然后提供指导，使问题得到缓解或解决。我意识到，采取主动行动能够给我带来很大的好处，用牛熊交易者的行话来说就是，我意识到了什么能够给我带来竞争优势。

在我进入的第一个部队里，我们这批同时入伍的新兵大约有15名。你可以想象到，新人往往会被安排去做一些辛苦的工作，在部队里也不例外。例如，我最讨厌做的一件杂事就是打扫厕所。那里太脏了！我注意到，排长（也就是我们的领导）会在每天下午3点半左右从办公室里走出来，走到我们这群任劳任怨的新兵面前，指挥我们去打扫卫生。我至少有一半的时间会被分配到厕所干活。这样下去不是办法，所以我开始每天下午3点25分走进排长的办公室。出来之后，我就会给其他人安排工作。神奇的是，在我这样做之后，我就再也没有打扫过厕所了。现在你可能会想，是领导让我指挥其他人工作的，但事实并非如此。我一进入办公室就会被数落一番，说我这个新兵为什么要走到这里来。数落完之后我就会走出去，给其他人分配工作，他们照做了，因为他们错误地以为是排长让我这样做的！

这个故事很有趣，但它真正的重点还在后头。大约一个月之后，排长终于问我为什么总是走进办公室。我将原因告诉了他，他笑了起来，说我要么是海军陆战队员中最愚蠢的之一，要么就是最聪明的之一。为了验证这一点，他让我管理我所在的队伍。对于我来说，这是个成功的举动。

我主动介入问题当中，往对我自己产生好结果的方向引导，这个故事就是一个很好的例子。但不幸的是，如果你尝试在市场上这样做，你不会得到你想要的结果。为什么？因为无论你在市场上做什么，市场永远只会遵循它自己的步伐。要想成为一名成功的交易者，你必须要将你的确定性思维转变成不确定性思维。

## 不确定性和交易

生而为人，你天生就会在生活中寻找确定性。我们都喜欢控制自己什么时候起床、什么时候吃饭、怎样度过每一天。不过，事情有时候会不尽如人意。我们都经历过事与愿违的时候，都知道这种烦恼的感觉。在某些情况下，这种烦恼会很快转变成焦虑、沮丧甚至是愤怒。

让我们来看看不确定性在交易中会扮演怎样的角色。交易的主要目的是赚钱，你（尤其当你是新手交易者时）想要完全控制局势，因此你会相应地制订一个以赚钱为目的的交易计划。当事情的发展超出你的控制范围时（例如，股价走势和你期待的不一样，导致你止损出局），你可能会感觉到你控制交易的能力正在受到挑战。你已经花了大量时间和精力来分析、制订交易计划、查看指标和证据，你只有在非常确定你能够赚钱的时候才会交易。当事与愿违的时候，你就会倾向于找借口和理由向自己解释，为什么你的辛勤工作没能产生你想要的结果。

可以理解，在这种情况下，你会采取以前被证明有效的方法。在许多传统的职业中，努力和勤奋通常会换来成功。但具有讽刺意味的是，其他领域的成功经验很可能会导致你在交易中失败。例如，许多新手交易者在他们以前的职业生涯中非常成功，因为他们有主动性和预见性，能够在问题失控之前发现并解决问题。不幸的是，这种操作风格对于交易来说不是好事，它可能会导致你过早进场。如果你是新手交易者，你要知道，过去让你在其他领域取得成功的经验很可能不会让你在交易中取得成功。事实上，那些在你以前的职业生涯中使你获得赞誉和奖励的方法，可能会在交易中产生相反的后果，导致严重的亏损。

你必须要了解交易心理学的一个最重要的方面，那就是你无法控制交易的结果。每一笔交易的结果都是不确定的，你没有任何办法改变这一点。交易者每天所处的环境决定了，一定会有超出你控制范围的事情导致你亏钱。除非你准备好应对这种无可避免的不确定性，否则这个残酷的现实就会使你备受煎熬。

你必须接受这样一个现实：不管你喜不喜欢，你在每天的交易中都要面对不确定性。再多的市场分析、辛勤工作和日志记录都无法改变我们不能控制交易结果这个事实。就算你能够确保你拥有最高的成功率，你也无法百分之百地控制你的交易结果。

在学习交易的过程中，你必须要花时间学习如何应对不确定性。我对学习有很大的热情，我相信首先需要检查所有潜在的问题，然后才能完全理解某样东西，或者改变它对你的影响。作为一名交易者，要想控制你对情绪的反应，理解不确定性及其影响是至关重要的。尽管下面这部分内容可能不是你在本书中期望读到的，但你至少要初步了解大脑是如何工作的，这很重要，因为大脑是你交易行为的根源。

## 我们不可思议的大脑

在深入探讨这个话题之前，请记住，我不是一名医生或者心理学家。我所介绍的这些内容，是我在和心理学家探讨自己在交易内和交易之外的心理的过程中觉得有用的内容。我的交易者性格是工程师型性格，对事物的运作方式很好奇，所以我花时间研究了大脑如何影响交易者在关键时刻和压力之下的表现。

让我们思考一下大脑有多么神奇。自从人类诞生以来，它就一直在适应环境，并且成功地通过后天经验幸存了下来。科学家们已经发现，大脑并不通过符号、声音、气味或感觉交流，而是通过电信号在大脑的不同部分之间进行交流。你不需要了解大脑每个方面的知识，但我认为你必须要了解其中与交易有关的一些基础知识。

你的大脑可以分为两个基本的部分，即“情感大脑”和“理性大脑”。当然了，你的大脑还有其他许多部分，比这种区分要复杂得多，但为了简单起见，我们重点关注这两个组成部分。如果你想了解更多细节，可以在网上找到大量资源。

**情感大脑**。它基本上就是你的边缘系统[①]，这是人类大脑最早发展出来的区域之一。尽管人类大脑在那之后发展出了更加复杂的功能，但边缘系统的功能仍然非常原始，它对压力的反应仍然是简单和

---

① 边缘系统（Limbic system）指包含海马体及杏仁体在内，支持情绪、行为及长期记忆等多种功能的大脑结构。

普遍的。例如，尽管你大脑的其他部分能够推理出你正在做的这笔交易是正确的，但边缘系统分不清好的交易和坏的交易。因此，当你怀着恐惧和焦虑等情绪进行交易时，边缘系统会对可能亏损的压力和不确定性做出反应。

**理性大脑**。这是帮助你思考、质疑、做出决策和解决问题的部分。尽管它独立于情感大脑之外，与逻辑打交道，但当不确定性出现时，它不是取得控制权的那一部分大脑。为了确保生存，在感受到威胁时，理性大脑会支持情感大脑的决定。你的情感大脑如何感知一个特定的情境，你的理性大脑就会如何解释这个情境。这就是为什么你在压力之下会忽略掉一些很明显的东西，在事后心平气和地（希望如此！）记录日志时，你却能够清晰地看见它们。当你的情感大脑做出决策时，理性大脑唯一能做的就是想出借口和理由来支持这个决策，除非你可以控制它。

现在你可能会问：这些意味着什么？为什么作为一个交易者需要关心这些？

它的意义在于，你的情感大脑无法分清真实的威胁和交易中的不确定性带来的心理不适感。当你的情感大脑感受到不确定性（在这种情况下，是对亏损的恐惧）的时候，它原始的、惯常的反应模式就会自动浮现出来，自从人类诞生以来，就是这种模式使它存活了下来。

从某种意义上说，当你走出你的舒适区时，你的头脑就会打架。你可能刚做完一笔交易，马上就听到一个声音说这不是一笔好的交易，让你退出。但你或许还会听到另一种声音，说这确实是一笔好的交易。这就是你的头脑在为生存而斗争，为了能够掌控它，你必须了解其中发生了什么。

在牛熊交易者举办的“成功研讨会”上，兰德·豪厄尔博士（Dr. Rande Howell）用2015年迪士尼—皮克斯的家庭动画片《头脑特工队》（*Inside Out*）给我们的成员提供了一个很好的例子。如果你有孩子，你可能知道这部电影，如果你不知道，你也可以花几个小时看这部电影。

## 我们头脑里的声音

我不是精神病人，你们当然也不是，但如果我们仔细倾听的话，每个人在交易时都会听到不同的声音。没有人听到的和别人的一模一样，我们的想法都是独一无二的。这就是为什么你自己是你成功的关键。无论你在入场交易、管理交易还是退出交易时遇到问题，这都不重要。通过倾听这些声音，你会发现在你的意识背后正在进行一段激烈的争执。你可以否认这些内在的争执，但你无法否认它们对你的交易表现的影响。

我会在第四部分讲到正念时更加深入地探讨这个话题，但现在重要的是你要意识到你的头脑中会出现争论。为了帮助你了解这一点，我会讲述我交易生涯早期的经历，希望我的这个例子能够帮助你开始了解你脑海里的争论。

当价格靠近我的入场点时，我总是会产生疑虑。即使我列出了一份清单，上面的条件都已经满足了，我还是会质疑自己。如果我能够说服自己在价格到达入场点时立刻买入，我的脑海里就会涌现出这股情绪来。我能听到自己说：“退出这笔交易吧，买入的时机不够好。”但同时我也能听到自己说：“不，你要留在交易当中，你要寻找的所有指标条件都满足了。”

这种头脑里的争论会使我更加焦虑，使我更加关注这一争论而非市场发出的客观信号。尽管我当时还不知道这是为什么，但现在我是一名经验丰富的交易者，我知道这种情况出现的原因是我害怕犯错和亏钱。如果我坚持留在交易当中并获得了成功，我就会很高兴，但如果我因为退出交易而错过了成功机会，我就会万分沮丧。我会想，这笔交易很好，但我却因为质疑自己而退出了交易，错过了这个机会。

这些头脑里的争论一遍又一遍地出现，直到我开始重视它们并且让它们平息下去，使它们不再影响我的交易。如果我说从那时起我就再也没有受到过它们的影响，那肯定是在说谎，因为它们直到今天还在对我造成影响，但我现在找到了能够减轻它们的影响的方法，使我能够把更多的注意力放在市场的客观信息上面。

我是怎样应对这些声音的？我决定使用更有力量的声音来对抗这些恐惧、怀疑、失败和沮丧的声音。从自身经历来看，我认为自己是个守纪律、有耐心的人，但我也不害怕冲突，即使有些时候我也许应该袖手旁观，我还是卷入冲突当中。别忘了，我是一名海军陆战队成员！

当我听到那些对我的交易产生负面影响的声音时，我就会大声重复一句口号，这是别人教给我的一个减轻焦虑的技巧。在情绪开始失控时，这种方法能够让你很好地平静下来。我的口号很简单。我会大声重复四个单词，它们是我的优点：自律、耐心、公正、勇气。我会一次次地重复这些单词，直到我的头脑恢复正常状态，使我能够出色完成交易为止。这种方法不一定对所有人有效，但它非常简单，我建议你在交易中被情绪控制时尝试一下这种方法。

## 本章重点

- 你所做的每一笔交易的结果都是不确定的。在交易中，你无法控制交易的结果。
- 作为一名交易者，要想控制你对情绪的反应，理解不确定性以及它是如何影响你的至关重要。
- 过去让你在其他领域取得成功的经验很可能不会让你在交易中取得成功。
- 你的情感大脑无法分清真实的威胁和交易中的不确定性带来的心理不适感。
- 只要认真倾听，每个人在交易时都会听到不同的声音。

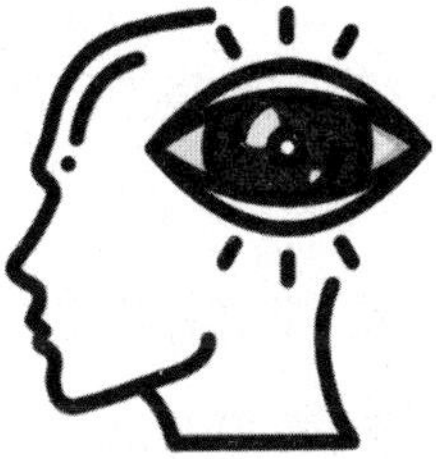

第七章

# 专注于执行的重要性

## 擅长交易

怎样才能擅长交易？一个简单的答案是，你要专注于正确的事情。我先简单讲讲你不应该专注于什么东西，几乎所有新手交易者都会把它视为最重要的东西，那就是你的盈亏。专注于盈亏只会让你带着情绪交易。事实上，盈亏并不重要。我们都看重金钱，当我们的专注点在金钱上面时，我们对于亏钱的态度就会影响我们的交易行为。

而且，盈亏是一种结果，上面已经说过，你无法控制交易的结果。因此，你没有必要将时间和情感精力浪费在盈亏上面。我认识的最成功的交易者之一安德鲁·阿齐兹也强调过这一点。他在《如何以日内交易为生》一书中写道：**“擅长交易来自掌握交易技巧和了解一笔好交易的基本原理。金钱只是执行稳健交易的副产品。”**

下面这个例子表明你无法用盈亏来衡量你的交易效率。交易者A当天赚了250美元，交易者B赚了600美元。我问你，谁是更好的交易者？无论你的回答是交易者A还是交易者B，我都会说你没有足够的信息得出一个准确答案，因为在衡量他们的效率时，必须要把他们的账户规模考虑在内。

假如交易者A的账户有5000美元，那么他赚了250美元意味着他的收益率是5%。交易者B的账户有30 000美元，赚了600美元，他的收益率是2%。当其他条件相同时（我必须指出，在交易中总会有许多因素在起作用），交易者A是个更有效率的交易者，如果他的账户规模更大，他就会赚到更多的钱。

这只是一个简单的例子，表明在衡量哪个交易者更好时不能只关注盈亏，这是非常重要的。盈亏只不过是交易者在某段时间内的表现。就像我刚才所说的，我们都看重金钱，当我们的专注点在金钱上面时，我们对于亏钱的态度就会影响我们的交易行为。要想成为一名更好的交易者，你必须要专注于你的交易表现。

## 专注当下

怎样才能做到这一点？首先你要在交易日志里记录和跟踪你的交易，这样你就能够知道你擅长的地方，然后在模拟盘里练习，那里没有情绪能够影响你的结果。在你确定了你的优势之后，你就要把这个策略记在一本交易手册中。你要将每一种验证过的成功策略记在交易手册中，这样你就能告诉自己，这种机会能够让我在市场上拥有优势，当我看到这种机会时，我就要冒着适当的风险利用我的优势。用简短的话来说就是："做你擅长的而非你喜欢的交易。"

在你知道了你擅长的地方之后，你就要把所有的注意力放在执行这个策略所需的步骤上面。我怎样强调这一点都不为过，你可以控制交易的方式，但市场决定了你能否赚到钱，以及怎样、何时赚到钱。所以你要专注于交易的执行而非结果，当你正在交易时，结果并不重要。

这里我必须要使用一个运动方面的比喻。专注于交易的执行和运动员专注于当下的表现非常相似。下面我会用击球的棒球运动员为例。如果你从来没有打过棒球，我希望你至少尝试过用一根小木棒击打一只小球。这是很困难的，需要全神贯注，特别是投手还会尽其所能地阻止你成功地击打。

如果站在本垒的击球手专注于比赛的比分、队友的想法、球迷的呐喊或者他需要击中一次球来保住队伍比分，他就会很难实现他的目标，因为他专注于结果，这是个外部因素。为了实现击球目标，击球手必须专注于击球的正确动作姿势，如图7.1所示。

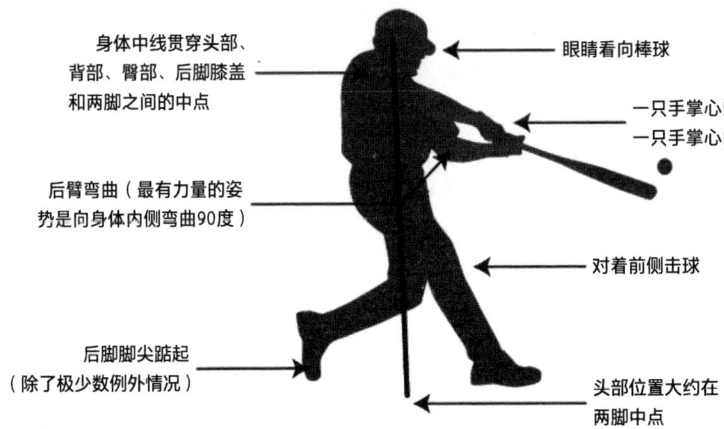


**图7.1　棒球运动员的正确动作姿势**

你可以看到，为了打出高质量的一球，选手必须高度专注于多种因素，当然了，这里并没有提到所有因素。希望做出成功交易的交易者们也需要经历同样的过程。在棒球领域，如果一位击球手能够击中30%的球，他就被认为是一位好球员。作为交易者，如果你的成功率达到了51%，你就能够获得盈利。但需要注意的是，任何一种盈利计算方法都要考虑多种变量，其中最重要的就是你的交易风格。

就像棒球运动员不应该专注于他们的挥棒结果一样，一名成功的交易者也不应该过度关注交易的结果。为什么？答案很简单，无论是盈是亏你都无法控制。作为交易者，你应该专注于交易的执行。

下面是我对你在交易中应该专注于什么地方的建议。随着你的经验的增长，你很可能会想要根据它们的效果来调整它们，但我相信你可以从下面这些开始进行尝试。

**1. 交易之前的正念**。我会在本书第四部分详细讲到这一点。但现在你需要了解你的心理状态。问一下自己是否自信过头、沮丧、愤怒或者压力太大。这些情绪都会影响你的表现。通过了解自己的心理状态，你就能评估自己客观分析市场信息的能力。

**2. 对交易设置的分析**。这一点会更加直截了当。你应该紧盯你的指标所呈现出来的信息，这样当价格越来越靠近你的入场点时，你就能够更加轻松地控制你的焦虑情绪。

**3. 入场的执行**。这可能是出色执行交易的过程中最重要的一部分。如果你入场得太早或者太晚，你的风险回报比和你入场后管理这笔交易的能力可能会遭到负面影响。我发现，入场价格离我设置的入场点越近，我就越有自信在管理这笔交易时坚持我的计划。

**4. 交易管理的执行**。如果你在入场时没有制订可靠的计划，管理这笔交易就会很困难。缺乏周全的计划会使你很难专注于什么时候减仓、什么时候加仓等问题。如果没有计划，你在交易中所做的一切事情都将变得随意，你最终会被你的情感大脑所支配。如果你有一个可靠的交易管理计划，你就能够专注于计划的执行，让情感大脑待在一边。

**5. 离场的执行**。看着未兑现的利润越来越多而不止盈一部分是很难做到的。我建议你事先计划好，当交易不顺利时在哪个位置离场，你也要事先确定好你最终的盈利目标是什么。也许这不是完全准确的数据，但我可以很自信地说，当你回过头来看时，你有99%的交易都可以赚到更多的钱。不过在当时的紧张情况下，只要你正确执行了计划，你就应该对结果感到满意。我所知道的事实是，随着时间的推移，通过不断练习，你会更加擅长获得最大化的收益。

**6. 交易之后的正念**。与交易之前了解自己的情绪状态相似，你在交易之后也要观察自己的情绪状态，很可能你的情绪已经大受影响，不管交易结果是什么。例如，你可能从自信变成了自负，或者从沮丧变成了愤怒，反之亦然。重要的是要记住，你交易之后的心理状态和交易之前的是有差别的，所以在观看价格图表寻找下一个机会之前，你要先评估一下此刻的你能否在执行下一笔交易时不受上一笔交易的影响。

在进入下一章之前，我还要再次重申，你虽然控制着你的交易方式，但市场决定了你能否赚到钱，以及怎样、何时赚到钱，所以你要专注于交易的执行而非结果，当你正在执行交易时，结果并不重要。如果你只能从这一章中记住一个道理的话，那就记住这一点吧。

## 本章重点

- 你没有必要将时间和精力浪费在盈亏上面。
- “擅长交易来自掌握交易技巧和了解一笔好交易的基本原理。金钱只是执行稳健交易的副产品。”（安德鲁·阿齐兹，《如何以日内交易为生》）
- 作为一名交易者，你要专注于交易的执行而非结果。

第八章

# 概率的游戏

## 等待属于你的时刻

通常，当新手交易者止损离场时，他们会丧失自信，开始怀疑自己，怀疑自己学到的理念和自己的交易系统。他们没能意识到交易是一个概率游戏。你要保持耐心，等待属于你的时刻。交易的确是概率游戏，但前提是你的交易策略必须真正行得通。如果你只是随机地交易，那你不能用概率来解释你的亏损，因为随机操作的交易导致你在交易市场中并没有数学上的概率优势。

你之前的经历使你习惯把失败看成一种威胁，概率并不是你会首先考虑的。在交易中，一旦你意识到你需要养成一种将不确定性看作常态来接受的心态，你的交易质量就会开始提升。你能想象这很难做到，因为你需要重新训练你的思维方式。你可以用以下这个简单的例子来评估你是否具有概率思维：

《一掷千金》（*Deal or No Deal*）游戏节目里有26个手提箱，每个手提箱里的金钱数额从1美分到100万美元不等。有幸参加节目的参与者会先从26个手提箱里选择一个，期望自己能够选中那个100万美元的箱子。然后他们会分好几轮打开其他箱子，看看里面的金钱数额，庄家每一轮都会开价，试图买下他们在一开始选中的箱子。庄家的出价金额取决于剩下箱子的可能数额以及剩下箱子的数量。

如果一位参与者坚持到最后，只有两个箱子未打开，一个有100万美元，一个有50万美元，那么他的箱子有多大概率是100万美元的呢？如果你的回答是50%，那么你并没有完全站在概率的角度上思考问题，你只是在思考当下的概率。正确的答案是4%左右，因为在选择箱子时，总共有26个箱子可供选择，而非两个。你需要理解这个重要的概念，因为在交易过程中，概率随着市场的每次波动而变化。你的优势策略只要调整一点点，就会改变这个策略的总体成功概率。

在交易中，理解风险和概率之间的关系也是很重要的。在每次进场前你都应该想好止损点、盈利目标和入场点。交易的成功概率取决于你的风险回报比和点位策略。设置的止损点离入场点太近、入场时间太晚或者在达到既定盈利目标后继续持有，都会影响到交易的成功概率。尽管交易看上去不只是一个数字游戏那么简单，但这实际上就是交易的本质。要想心平气和地进行有利可图的交易，关键是要弄清楚你的数据是否给你带来了比市场还高的胜率优势。交易者的工作建立在概率和统计数据之上。如果你的风险回报比是合理的，长此以往，你的盈利就会大于亏损。

## 交易 vs. 赌博

和赌博一样，交易也是一个概率和数字的游戏。关键的差异在于，当你赌博时，庄家拥有优势；当你交易时，你应该在你的胜算比市场更大时进行交易。为了避免试图控制结果，你需要锻炼你的头脑，让它用概率的方式去思考。

在赌场中，庄家在几乎所有的游戏里拥有优势，这意味着赌场的胜算更大。但这并不意味着赌博者不能赚到钱。相反，拉斯维加斯的赌场每天都要付给赌博者成百上千万美元，但如果当天的赌博者足够多，赌场老板总会有更多的钱进账。在某些日子里，赌场支付的费用会超过他们的收入，但在年底时，赌场会有极大的概率成为赢家。这就是为什么赌博行业需要越来越多的玩家加入。由于赌场真正赚钱的是在赌博里，所以饮料是免费的，你的饮食、住宿和去拉斯维加斯的航班都是很便宜的。赌场的玩家越多，赌场的赢面就越大。

有些职业赌徒认识到赌场总会在游戏里拥有优势，所以他们试图通过团队合作或者算牌来扭转局面。例如，在21点纸牌游戏中，算牌的人分散在桌子各处，他们下的注相对较小。当出现数学上极其有利的局面时，他们就会示意主玩家，主玩家就会下重注，从赌场那里赢钱。为了应付这样的赌徒，赌场雇用了专业的侦探机构来找出算牌者、摇骰作弊者和对老虎机钻孔的人。从本质上说，赌场不欢迎这些知道怎样赢过庄家的老手。

有趣的是，职业赌徒不会参加那些不涉及技巧的游戏，例如掷双骰子和轮盘赌。这些游戏被认为是“负和游戏”，因为赌场会从每次游戏中抽取每笔赌注的3%~6%，让玩家无法在长时间内赚钱。职业赌徒只有在扑克这样的技巧性游戏中才能以牺牲其他赌徒为代价赚到钱，那些不会玩或者略逊一筹的玩家为职业赌徒提供了足够多的机会来扭转胜率。

与掷双骰子和轮盘赌类似，交易也是个负和游戏。你从进入市场的那一刻起就开始亏钱。银行将资金转到你的交易账户时会向你收取费用。你的券商会收取费用，每个月会对他们的市场数据和平台使用服务收费，也会对你的每一笔交易收取佣金。如果你每个月交的佣金不够多，券商还会收取一笔账户闲置费。在你做交易时，做市商通过向你收取买卖价差和滑动价差来获利。美国金融行业监管局（FINRA）和美国证券交易委员会（SEC）这样的监管机构和各大交易所也要靠收费生存。

金融市场需要有亏损的交易者不断出现，因为他们给市场带来了资金。人们以为交易是个零和游戏，但事实并非如此。交易是个负和游戏，因为各行各业都从市场抽走资金，赢家的收益比输家的亏损要少。市场不是一个公平的竞技场，它对你是不利的。

## 你的交易手册优势

我在本书中多次讲到，你的优势是你交易成功的关键。在牛熊交易者社群里，我们将你在市场上的优势称为“交易手册优势”（TradeBook edge），也就是你写在交易手册里的某个特定的市场机会，它会在市场上反复出现，如果你遵守执行纪律，随着时间的推移，你就能够期待自己获得一笔收益。从本质上说，你的优势就是你对交易手册的执行力。

建立一个交易手册优势需要一定的时间和精力，特别是如果你没有在交易生涯早期幸运地碰到它的话。不要忘记，交易手册优势是专属于你和你的交易者性格的，适合其他交易者的优势不一定适合你。因此，你需要付出努力来归纳、设计和测试你的交易手册优势。

我不打算详细介绍怎样开发和改进你的交易手册优势，因为这方面的内容本身就可以写成一本书了。但我还是想为你提供发展你自己的交易手册优势的基本过程，它是克服你在交易中的心理挑战的基础。我觉得新手交易者会犯的最大错误之一就是在没有找到一个可靠的交易手册优势之前，就匆忙地投入实盘交易之中。结果是交易者在经历过几次亏损之后，就会自然而然地怪罪于交易策略（而非他们自己）。相反，如果遭受亏损的交易者百分之百地相信某个交易手册优势，他们就很难怪罪于策略，转而从他们自己身上找原因，从而有望使他们进行深入的自我分析，以确定阻碍他们复制他们在模拟盘里的优异表现的确切因素是什么。

我喜欢用科学的流程来开发交易手册优势：确定问题、提出假设、收集信息、测试假设，最后得出结论或者重新提出假设，并重复这个过程。这个流程经得起时间的考验，能够产生可靠的、可以衡量的结果。最重要的是，它可以向你的头脑证明，你得到的这种策略能够使你在市场上拥有优势。如果你是牛熊交易者的高级成员，你可以在我举办的关于开发交易手册优势的在线研讨会上查看这个流程。在演讲中，我从头到尾讲述了我制订策略并将其添加到我的个人交易手册中的过程。以下就是我在发展优势的过程中采用的科学流程的每个步骤的简要总结。

**确定问题**。一开始你必须要确定你的问题是什么。例如，你想要再添加一个优势，还是说你刚刚开始寻找你的第一个成功的优势？

**提出假设**。假设就是对事情发生原因的一种暂时性的解释。在开发优势的过程中，你必须明确你想要完成的指标。值得庆幸的是，你不需要对此进行大量的研究，它只是为了说明你想用这种优势完成什么目标。以下是我为BHOD/BLOD（突破今日高点/突破今日低点）策略所做的初始假设：

> 我认为采用BHOD/BLOD策略进行交易，搭配交易观点的选股器提示，会更加符合我的交易者性格。它能使我在一个交易日内进行更多次交易，因为BHOD/BLOD会在一个交易日内多次发生。它的成功率有70%，权益曲线将会向斜上方移动，这些会帮助我取得成功。

**收集信息**。我强烈建议你在模拟盘里完成这个步骤，因为当你在判断你的策略能否使你在市场上获得优势时，你不希望有情绪掺杂在内。收集信息（数据）分为两步。第一步是使用你认为会给你带来优势的初始变量做尽可能多的交易。这时候你的盈亏不重要。在你至少做完20次交易之后（我个人推荐至少做60次交易，但我知道这不适合每一个人），你应该就有了足够多的数据来分析哪些变量是你需要的，哪些是你不需要的。第二步是调整和修改你的变量，这样你就能制订出一个可靠的交易计划，接下来就准备好测试它的成功率有多高，以及这个优势是否真的可以盈利。

**测试假设**。在这个阶段你需要测试你的策略，看看它能否产生你想要的结果。现在你可能会想，我要怎样对这些东西进行测试呢？答案很简单：策略集合。我会在下一节详细介绍它的工作原理。

**得出结论/重新提出假设**。在得到测试结果后，你就要做出选择了。你可以得出结论并将这个策略添加到你的交易手册中，也可以调整策略并再次尝试，或者完全抛弃这个策略，从头开始尝试一个新的不同的策略。重要的是要记住，你可以从这个流程的结果中得到一种客观的方法来判断你的优势能否使你在市场上拥有优势。

## 通过策略集合交易

什么是策略集合？策略集合就是使用相同的变量（不改变它们）进行特定次数的交易，以便了解它们的结果。交易次数可以有所不同，但我建议你至少做出20次交易，来验证所收集的信息对做出决策是可行的。上一节在讨论科学流程时，我将策略集合看作测试你的策略是否适合你的最佳方法。在学习成为交易者的过程中，我的硕士学习生涯派上了用场。硕士课程的一个重要部分就是学习如何使用科学流程来分析数据，获得足够多的相关信息，得出一个结论，并将其作为证据呈现出来。所以对于我来说，利用同样的方法测试我策略中的变量，以此得到关于策略有效性的结论，似乎是一件很自然的事情。

在阅读完马克·道格拉斯的《交易心理分析》（*Trading in the*

*Zone*）之后，我明确了检验我的假设的最佳方法，那就是使用相同的指标、证据和交易管理计划做20笔交易。出于我的教育背景，我认为它能使我得出关于我的交易策略是否有效的结论。不过为了使这个策略集合有效，你必须要自律地坚持你的变量，不改变它们，直到你完成特定数量的交易为止。这并不意味着你必须要完成所有20笔交易之后才能确定这个策略不起作用。我知道这一点，因为我曾经使用自己的一个策略集合做了12笔交易，其中只有4笔是成功的。很明显，这些变量无法使我获得优势，所以我放弃了这个策略集合，重新提出我的假设。

你可以自行决定策略集合的内容。在我刚开始研究我的BHOD/BLOD策略时，这个策略集合包含了我所做的每一笔交易，因为我只想确定我的计划能否给我带来市场上的优势（如图8.1所示）。

| 集合1 | 1 | 2 | 3 | 4 | 5 | 6 | 7 | 8 | 9 | 10 | 11 | 12 | 13 | 14 | 15 | 16 | 17 | 18 | 19 | 20 | | 胜率% | 45% |
|---|---|---|---|---|---|---|---|---|---|---|---|---|---|---|---|---|---|---|---|---|---|---|---|
| 交易 | | | | | | | | | | | | | | | | | | | | | | #违背交易策略的交易 | 3 |
| 违背交易策略 | | | | | | V | V | V | | | | | | | | | | | | | | | |
| 集合2 | 1 | 2 | 3 | 4 | 5 | 6 | 7 | 8 | 9 | 10 | 11 | 12 | 13 | 14 | 15 | 16 | 17 | 18 | 19 | 20 | | 胜率% | 60% |
| 交易 | | | | | | | | | | | | | | | | | | | | | | #违背交易策略的交易 | 4 |
| 违背交易策略 | | | | | | | | | | | | V | V | V | | | | | | V | | | |
| 集合3 | 1 | 2 | 3 | 4 | 5 | 6 | 7 | 8 | 9 | 10 | 11 | 12 | 13 | 14 | 15 | 16 | 17 | 18 | 19 | 20 | | 胜率% | 65% |
| 交易 | | | | | | | | | | | | | | | | | | | | | | #违背交易策略的交易 | 3 |
| 违背交易策略 | | | | | | | | | | | | | | | | | | V | V | V | | | |
| 集合4 | 1 | 2 | 3 | 4 | 5 | 6 | 7 | 8 | 9 | 10 | 11 | 12 | 13 | 14 | 15 | 16 | 17 | 18 | 19 | 20 | | 胜率% | 70% |
| 交易 | | | | | | | | | | | | | | | | | | | | | | #违背交易策略的交易 | 2 |
| 违背交易策略 | | | | | | | | | | | | | | | | | | | V | V | | | |
| 集合5 | 1 | 2 | 3 | 4 | 5 | 6 | 7 | 8 | 9 | 10 | 11 | 12 | 13 | 14 | 15 | 16 | 17 | 18 | 19 | 20 | | 胜率% | 60% |
| 交易 | | | | | | | | | | | | | | | | | | | | | | #违背交易策略的交易 | 0 |
| 违背交易策略 | | | | | | | | | | | | | | | | | | | | | | | |
| 获利交易 | | | | | | | | | | | | | | | | | | | | | | | |
| 亏损交易 | | | | | | | | | | | | | | | | | | | | | | | |

**图8.1 策略集合（合并）**

随着交易经验的不断积累，我改进了我的策略集合，将它们分解成各个特定的策略，并将它们组合到一起，来评估我的整体交易计划

（如图8.2所示）。它使我既能看到宏观层面的结果，也能确定对整体计划影响最大的微观层面的策略是哪一个。

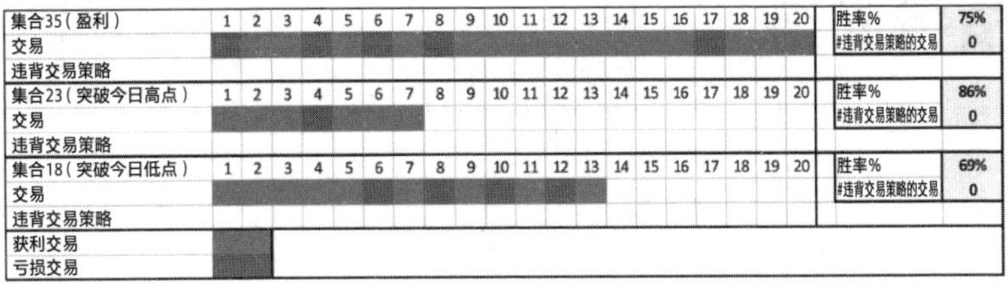


**图8.2 策略集合（特定策略）**

策略集合可以通过多种方式使用，它们能够帮助你通过交易手册完成许多不同的事情，也有助于你的交易心理。当你绝对相信你的优势时，你就很难找出理由来解释你策略中的问题。这反过来能让你认清自己的优点和缺点，让你明确接下来的努力方向。

## 本章重点

- 作为交易者，你要保持耐心，等待属于你的时刻。
- 交易者的工作建立在概率和统计数据之上。
- 与掷双骰子和轮盘赌类似，交易是一种负和游戏。你从进入市场的那一刻起就开始亏钱。
- 使用科学流程能帮助你找到交易手册优势。
- 通过策略集合交易能帮助你判断你的交易策略是否行得通，也能帮助你通过概率进行思考。

第九章

# 支持网络

## 帮助你的人

当你的交易使你感到压力或困惑时，个人和同伴的支持网络非常有用。与那些富有同理心、善于倾听、愿意分享亲身经验（无论好坏）的交易者进行坦诚的交流往往是大有裨益的。个人资源，特别是配偶、兄弟姐妹和亲密的朋友，能够为你提供重要的情感支持，帮助你保持脚踏实地的心态。他们对交易有多了解根本不重要，重要的是他们能够在你最需要的时候提供无条件的关心和支持。

在学习交易的过程中遇到困难时，交易社群、小型交易团体和导师是三种理想的应对方式。每一种方式都有各自的优点，但你需要确保你和这些人相处得来。为了鞭策自己成为一名更好的交易者，你需要和你想成为的那些交易者建立联系。同时你要记住，专业交易者往往会有一些散户交易者没有的资源，例如交易心理学家，所以你可以通过加入一个优秀的交易社群、小型交易团体或者结识一位导师来弥补这个劣势。

在评估交易社群时，你应该考虑社群的交易方式是否和你的性格以及交易风格相匹配。网络上有许多不同的交易社群，涵盖了你能想到的所有风格和交易类型。我建议你去寻找一个致力于教你如何交易的社群，而不是向你宣传“用这个策略交易，你会在90天内赚到钱”这种噱头的社群。

通过学习正确的交易方法，你可以制订出自己的策略，并且知道怎样在市场环境变化时适当调整你的交易。你也想要在社群里感到舒适。如果你不喜欢聊天群组的氛围和聊天方式，你就很难在遇到问题时开口。在我看来，这是社群最重要的方面，因为你可以借此更加容易地与其他交易者发展出一种小型交易团体的关系。

小型交易团体很适合敞开心扉讨论自己在交易中遇到的问题。这就是为什么融入你喜欢的社群非常重要。但是，请不要把小型团体当作你炫耀你的交易做得有多好的地方。一旦你能够自如地分享你遇到的困难，你就有机会快速成长，因为小型团体的其他交易者会向你提供建设性的批评意见，提醒你注意在你的交易中可能存在的盲点。（在你拥有了一些经验之后你会发现，交易心理学最难的方面之一就是努力找到自己的盲点。）

你要对他们的批评持开放态度，因为他们只想让你成为一名更好的交易者，作为回报，你也要愿意对他们的交易提出批评。在这里我想花点时间让你看看我所在的小型交易团体是如何使我们的两名成员受益的。我们在加利福尼亚州格伦代尔举办的牛熊交易者社群见面会上认识彼此之后，就在2018年7月组建了这个小团体。我们至今仍然在互相分享我们的每日交易并针对成员交易中出现的问题提出批评。

**里奇**说："和你一样，我对日内交易产生了兴趣，然后上网了解了更多信息。我发现了许多成绩斐然的交易者上传的视频，例如标题是'小账户挑战：将500美元变成100万美元'之类的。有些视频会出现无人机拍摄的异国风景和带着笔记本电脑环游世界的日内交易者。还有些视频宣称交易者在开盘头三分钟就取得了巨额回报，并且承诺'使用这个简单的策略，你就能放心辞掉你的日常工作'。画面中还会出现显眼的兰博基尼跑车，所有成功的交易者都开类似兰博基尼这样的豪车。外面像这样的干扰噪声太多了，但我相信大部分人都能过滤掉它们。不过，即使在最好的在线社群里，这样的噪声仍然存在。

"我选择了在牛熊交易者社群交流交易相关信息，因为我觉得这是最接地气的交易社群。即使是这样，这里仍然有噪声。你在这里看到的大部分交易都是盈利的，社群的管理员都是才华横溢的交易者。作为新手交易者，你会感到迷茫。你试图将自己和网上或者交易社群里的其他人进行比较。

"这时候一个小型支持团体是非常有用的。你可以通过和你起步时间差不多的交易同伴进行对比，更好地了解自己所处的阶段。看着自己和团体成员一点一滴地成长是非常令人激动的。它能让你在交易前行道路上树立巨大的信心。团体内部的现实情况和观点有助于你过滤掉那些噪声。我发现其他成员的成功往往会比我自己的一次成功更使我感到兴奋。当你过度交易把事情搞得一团糟时，如果团体里有个成员指出就算你的交易不顺利，你的直觉仍然靠得住的话，这能给你带来很大的支持。

“我们最初的团体开始于两年多前的一次聚会，最初的成员超过10名。一开始我们会分享我们的盈亏和一两笔交易，每个人都讳莫如深。随着时间的推移，大部分成员要么爆仓了，要么完全放弃了交易。然后我们开始形成习惯，每天遵循一个简单的流程。我们会在开盘前分享我们的观察列表，做完交易之后公布我们的所有交易。这有点像是带有一份责任和交流在内的交易日志记录。

“一旦你掌握了谈论交易的技巧，你就能感受到一些变化。所有事情开始在你的头脑中成形。当一位成员分享一次交易时，你能看到他的入场点和离场点，清楚地知道他的止损点在哪里，以及他的交易管理方式是什么，然后你可以提供建设性的反馈。作为一名交易者，你提升了自己。在一个小型私人团体里这样做，可以使你过滤掉那些噪声，使你获得启发。你能够通过批判性对话和小组分析积累交易知识。”

**瑞伦**说：“和志同道合的人交流在许多不同的方面大大提升了我的交易。我们每天早上都会分享我们的观察列表，这有助于我们发现自己可能忽略掉的交易机会。交易日结束之后，我们会分享各自的交易，评论别人的交易有哪些优点和可以改进的地方。尽管我们有不同的交易风格，但从他人的角度了解如何才能更好地执行交易是非常有帮助的。分享自己的交易也使我成为一名更有纪律的交易者，因为有其他成员在看着我，我不想做出那些丢脸的交易。当你独自交易，没有人评价你时，你就会更加想要采取那些平庸的策略。一个出谋划策的团体能够给你的最大帮助之一就是同伴间的支持。作为交易者，我们都经历过回撤，但有了这些额外的支持来提醒你需要做哪些事情来重回正轨，它可以帮你缩短你的回撤期。”

你可以看到，在大型社群里加入一个小型交易团体对你的交易是大有裨益的。不管你处在交易生涯中的哪个阶段，它都能够帮助你进一步提升你的交易技能。

支持网络的第三部分是一对一指导。似乎每个新手交易者都希望有一个导师。我认为许多新手交易者会认为导师能够神奇般地缩短你学习交易的时间。只可惜事实并非如此，导师的角色不是这样的。你的导师是相信你、希望你成功、愿意付出时间和精力帮助你成功的人。但这并不意味着你的学习时间可以缩短，恰恰相反，这意味着你要付出和你的导师一样多，甚至是更多的努力。这是一种相互尊重的关系，维持这种关系需要你付出大量的努力。如果你正在寻找导师，你应该准备好比你之前更努力地工作。如果这段关系发展得不错，导师可以给你带来大量的资源；但如果这段关系发展得不好，你就很难获得你想要的结果。

## 本章重点

- 交易社群应该和你的交易风格和交易性格相匹配。
- 小型交易团体能够大大提升你的交易，帮助你找到你的盲点。
- 你和导师的关系需要通过努力来维持。导师没有神奇的能力使你跳过学习交易的某些过程。
- 当你的交易使你感到压力和困惑时，个人和同伴的支持网络会非常有帮助。

PART 3

第三部分

# 纪律在交易中的重要性

第十章

# 纪律的意义

## 纪律的定义

纪律可以被定义为遵守规则、举止有度的能力。它也被视为正规教育的一部分，例如在医学和工程学的教育中。

关于日内交易和纪律，首先让我们从纪律的角度看一看日内交易。基本上，日内交易就是研究和持续分析买卖双方的力量平衡，确定哪一方占上风。也就是说，我们通过分析价格走势来决定我们要做哪一种交易。

如果你更熟悉“分析”（analysis）一词而不是很少使用的“解析”（analyzation）一词，两者的主要差异在于“解析”指的是细致地检查某样东西，尤其关注它的原因、关键因素和可能的结果，而“分析”指的是通过将事物分解成多个组成部分来研究它。

为了帮助你分析价格走势并控制你的行为，你需要制订一份关于需要做什么和不能做什么的清单，这也就是你的规则。纪律的执行部分就是你在日内交易中遵守你制订的规则的能力，包括那些与风险管理相关的规则。毕竟，你制订规则是为了帮助你确定要做哪些交易，以及如何恰当地管理你的交易。

交易需要遵守纪律，但同时你也要准备好在市场开始反映出一些情绪上的变化时，客观地对你的计划进行相应的调整。这并不意味着你要随时修改你的交易计划，而是意味着你的交易计划本来就包含了对市场情况的持续分析。这也意味着你是一名足够灵活的交易者，愿意吸收并利用新信息，而不是固守你对市场任何先入为主的偏见。

## 培养纪律性思维

就像前面几章所说的那样，你在之前的职业生涯里养成的思维可能会也可能不会使你在交易中有足够的纪律取得成功。你需要努力锻炼你的思维，让它从交易所需的角度进行思考，这个过程不一定简单。

我们可以将这个过程与医生、律师、工程师和其他高技能的专业人员所受的教育和培训进行对比。想要从事这类职业的人在大学学习理论知识，为自己从事这些领域打下基础。之后他们往往会再花几年时间读个硕士或者博士项目，这些项目通常专注于一个专门的研究领域。不过在完成正式教育之后，他们通常不会马上执业。你能想象一个刚毕业的外科医生为你从事心脏移植手术吗？如果是我，我肯定不会首选这位医生为我进行手术，大多数监管机构也不会，所以他们要求毕业生在专业人士的指导下参加在岗培训（如住院医师培训、参加实习、发表文章等等）。虽然有些新手交易者对此会感到惊讶，但学习交易同样需要经历一个类似的学习过程。

唯一的重大区别是，你的学习没有公认的系统性的方法。例如，你想成为一名散户日内交易者，你要到哪里去接受教育呢？没有哪所大学或者技术学校是专门教你理解市场理论的，市面上也没有任何正规的培训计划。当你在网络上搜索资源时，你会被大量的营销广告轰炸，这些广告的投放者声称自己拥有让你成为成功交易者的秘诀，前提是（这个前提很重要）你要付钱给他们。你会经历不断试错的过程，直到你找到一个社群或者组织，它能够正确地教导你关于市场的知识，帮助你学习如何在市场上交易为止。对于新手交易者来说，缺乏标准化的交易课程可能是他们成功的最大障碍，这一点无论怎么强调都不为过。作为一名散户交易者，你只能自己负责自己的交易教育，每天努力进步。

你应该可以看到，成为一名专业交易者需要努力和决心。只有通过教育和培训，你才能精于此道。这个过程没有捷径，你只能一步一步地来。想一想你现在在做什么。这个过程基本上对所有工作都是一样的。你接受教育（在被雇用之前或者被雇用之后，或者两者兼有），接受新雇主的培训，然后开始履行你的工作职责。在刚开始工作时，虽然你具备相关的知识，但你很可能需要同事的协助才能完成工作。最后，在工作了足够长的时间之后，你不再需要求助于你的同事了（或者查看手册和说明书），因为这份工作的流程已经深深地刻在了你的脑海中。它成了你的第二天性。你在培养自己的交易自律时也会经历同样的过程。

首先选择一个你想要改变的习惯，例如止损离场、过度交易或者没有经过深思熟虑的计划就冲动地进行交易。然后集中精力去了解这个习惯的所有知识，以及你为什么想要改掉它。接着开始制订交易规则，尽管它可能很困难，你还是要通过调整交易方式尽己所能地遵守规则。最后，规则成为你的重要部分，你会不自觉地遵守它们，甚至都不需要大脑思考。

类似于律师、医生和工程师这样的职业需要参加数年的全日制教育，学习在交易中遵守纪律也要经历类似的过程（尽管有些人的学习过程的确会比其他人快一些）。我很幸运能够在偶然间发现一个很棒的社群牛熊交易者，在那里人们不断重申，熟练掌握交易需要几个月的教育和培训，没有什么交易秘诀能使你一夜暴富。这个过程看起来很简单——掌握正确的技术、制订策略、掌控你的心理，然后用你的余生进行交易——但事实上，你要付出大量时间才能在市场上与专业交易者竞争。

在最新版的《如何以日内交易为生》里，安德鲁·阿齐兹提出了一个问题："成为一名稳定盈利的交易者需要多久？"然后他用下面这些话回答了他自己的问题："我不觉得有人能够在少于六到八个月的时间内成为一名稳定盈利的交易者。在三个月的模拟交易之后，你至少还需要三个月时间进行小仓位的实盘交易，锻炼你的情绪控制和自律能力。你可能在六个月之后会成为一名经验丰富的交易者。也许八个月会比六个月好一些，而十二个月又比八个月好一些。""在你成为稳定盈利的交易者之前，你必须经历六到八个月的时间。""我发现社群里面的大多数优秀交易者都能够在不到六个月的时间里做到持续盈利，但对于其他人来说可能需要一年。平均而言，这通常需要六到八个月。”

你想要成为一名有纪律的交易者，这并不意味着你能够不付出大量的努力和自我反省就能实现这个愿望。一个残酷的事实是，任何积极的思考、一厢情愿的想法和乐观主义都不能使你成为一名有纪律的交易者。相反，不管是出于什么原因，有纪律的交易者深信他们的信念。其他的任何观念在他们看来都是不合理的。这种信念是他们的一部分，根植于他们的基因当中，成了他们的本性。

好消息是，任何人都能掌握遵守纪律的技能。自律不是与生俱来的，而是后天养成的。我想告诉你，如果我们生来就有纪律的话，父母养育孩子就会简单得多了！遵守纪律是我们必须不断学习、锻炼和完善的品质。如果你想要成为一名盈利的交易者，你就必须在你交易生涯的早期开始培养这种品质。

在你阅读下一章关于纪律的重要性的内容之前，我会把这个想法留给你。当你认为一位交易者在某个方面，例如在“止损离场”方面很有纪律时，你之所以这样想，是因为他能够做到一些你难以做到的事情。事实上，这位交易者只是拥有一些能够帮助他完成目标的观念而已。止损离场对我来说不是问题，因为我完全相信，错过止损点对我的交易账户的伤害将远大于它的好处。对于我来说，这样做的风险比可能的回报要大。我不在乎有多少次止损离场之后股价回到了盈利点上方。我不会容许股价跌穿我的止损点，因为只要我做过一次，我的头脑就会相信我会有下次、再一次和又一次的重蹈覆辙。

## 本章重点

- 你要养成纪律性思维，让它以交易要求的方式进行思考。
- 学习交易很困难，需要付出一个人成为医生、律师或者工程师等职业的同等努力。
- 遵守纪律是交易中至关重要的一种品质。你必须学会它，完善这种品质需要努力和决心。

第十一章

# 纪律的重要性

## 吃一堑，长一智

市场会奖励坏的行为。下面我会以自己没能遵守止损计划为例。许多坏习惯都可以作为例子，例如为了摊平平均成本价而在股价下跌时买入、报复性交易、大亏或大赚之后的胡乱交易等等。我认为在你过渡到实盘交易之前，最重要的事情也许是学会在你计划好的位置止损离场。如果你在模拟交易里都无法带着亏损离场，你又怎能在投入真金白银时下定决心呢？我已经看过很多次了。交易者仅仅因为不想亏损50美元而没有止损，在美国东部时间下午四点收盘时，这笔日内交易变成了波段交易，一个星期之后，他们亏掉了整个账户，他们通过交易谋生的理想还没开始就宣告结束了。

## 市场会奖励坏的行为

从图11.1可以看到，高通公司的股价在14点45分左右稍微移动到止损点下方，然后改变了方向，走出了预期中的走势。因此，如果这位交易者决定不在他的止损点退出，而是让股价稍微越过止损点，他就能获得金钱上的回报。你的“坏”决定使你得到了奖赏，我认为这对于你的心理是非常有害的，对你的纪律更是如此。请记住，交易者之所以把止损点设置在那里，是因为他们对股票进行了评估，认为这个交易策略在股价到达那个位置时将不再有效。

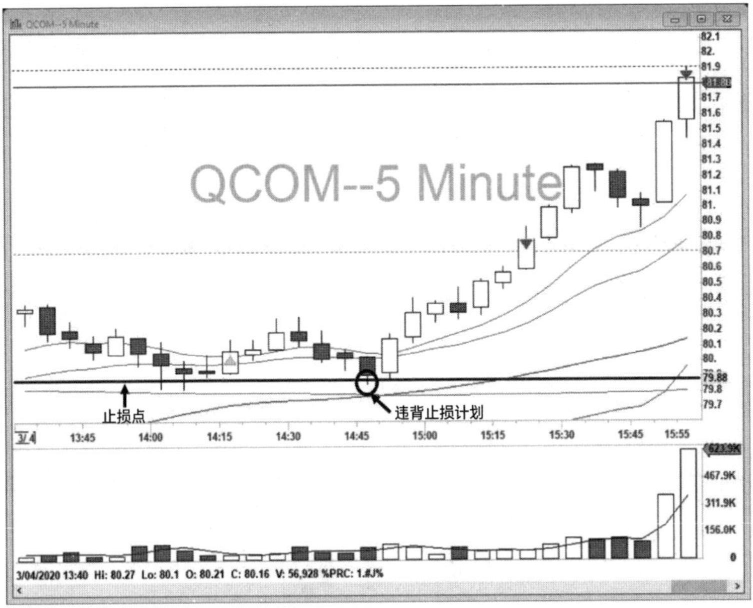


**图11.1　因违背止损计划而得到收益**

违背止损计划会使他们在头脑里强化错误的观念。他们没有通过经验强化“在计划好的位置止损是正确的”这种观念，而是有可能开始接受这样一种观念：让股价越过止损点能够在之后带来回报。我承认这种情况的确会出现，但它不出现的次数要远远超过出现的次数。作为一名交易者，你必须明白养成坏习惯对你的交易生涯是有害的。你需要专注于养成好习惯，即使它有时候会带来痛苦。

## 市场会用最大的痛苦惩罚你

记住这一点：市场会惩罚你，并且会用最大的痛苦惩罚你。请看图11.2的美光科技公司股票走势，股价到达了止损位置。第一次的股价就像图11.1的高通公司股价一样，开始往你想要的方向移动，但在第二次没有止损之后，它再也没有改变方向。如果你的亏损超过了你原先设定好的最大亏损，并且还在不断增加，这时你会怎么做？大

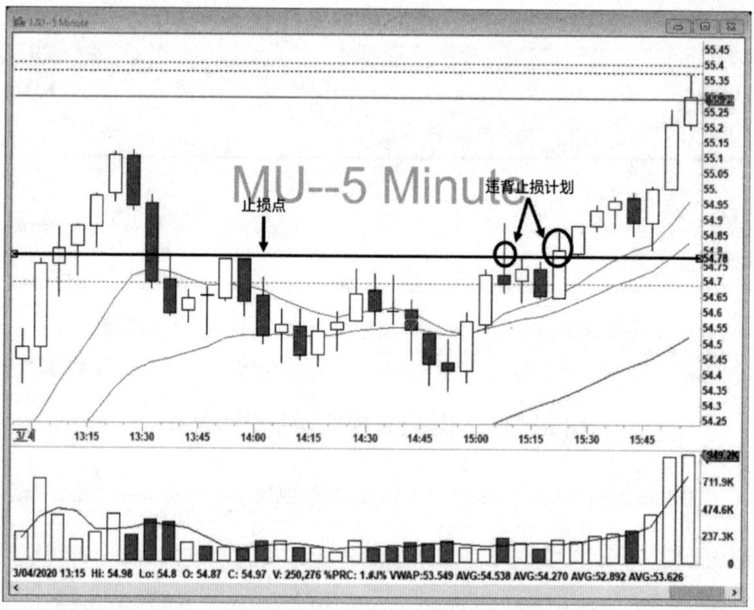


**图11.2 没有按计划止损的惩罚**

多数情况下你会被情绪淹没，无法做出反应，就像被汽车前灯的强光晃晕的鹿一样。在这种情况下，你唯一能做出的好的选择就是退出交易，接受亏损，然后继续前进。然而，你很可能会陷入我称之为“希望和期待”的阶段，你会说服自己股价会回到你的入场点。

我希望你想一想下面的问题。股价稍微越过止损点之后往你想要的方向移动，这种情况要出现多少次，才能弥补你没有止损且股价再也没有回头所造成的那一次亏损？问题就在于，你的大脑只记住了它想要记住的东西。它会记住每一次股价在稍微越过止损点之后往你想要的方向移动的情况，而与此同时，它会选择性地忽略那些股价越过止损点之后再也没有回头的情况。

这就是为什么我个人认为，你必须要训练自己在计划好的止损点离场。这条规则必须深深地刻在你的脑海中，以至于你认为这是绝对正确的做法，甚至不会产生不在止损点离场的念头。当价格到达你的止损位置时，你要毫不犹豫地止损离场，每一次都要如此。遵守这条规则能够保护你的资金，使你有机会在学习交易的过程中生存下来。

就像我之前强调的那样，遵守纪律是一种后天习得的技巧，你必须要培养你的纪律性思维。不管你想遵守哪条规则，你都要把它内化到心中，成为你的一部分。在我刚开始交易时，我肯定做不到每次都在计划好的止损点止损。我告诉你不要做的事情，我自己全部都做过，但正因为有了这些经验，我才能告诉你一些交易中的陷阱。我的军旅生涯也许帮助我缩短了在止损方面养成纪律的时间，但无论你需要花费多长时间，我都必须强调遵守止损计划并按计划退出交易对你

交易生涯的重要性，否则这就是我的疏忽。就算你犯下了新手交易者常见的其他所有错误，（通过你的纪律性思维）遵守止损计划起码能够让你保住资金，你的损失绝对不会超过你在这笔交易开始时愿意冒的风险。就像安德鲁·阿齐兹所说的："你会活到下一个交易日。"

## 迈克在实盘交易之前的自律经历

以下是我在实盘交易之前关于止损的个人经历，我认为止损是你在模拟交易阶段需要掌握的最重要的一个方面。我已经多次强调过这一点了。在我刚开始模拟交易时，我决定在实盘交易之前要做到在一个月内盈利的天数超过亏损的天数。我希望你现在知道这种想法是错误的。在一个夏天的早晨，我在观看安德鲁·阿齐兹做交易，他是我当时认识的最老练的交易者，他当时做空了Yelp公司[①]的股票。股价走势并没有朝着他期待的方向发展，所以他进行了加仓，不是仅加仓了一两次，而是许多次，以至于（我认为）他的购买力已经耗尽了。结果不忍直视，安德鲁带着四位数的亏损退出了交易。那是我看过的他亏损最多的一天。看着这一幕，我心想，我也在做同样的事情——试图扭亏为盈。我意识到，如果这样的事情能够发生在安德

① Yelp是美国最大点评网站，2004年，Yelp在旧金山起步，2012年3月2日登陆纽交所。——编者注

鲁身上，那么它毫无疑问也会发生在我身上。

就在那一刻，我决定要改变我衡量自己能否过渡到实盘交易的指标。我的新指标要衡量我在实盘交易中保护自己资金的能力，因为我知道在实盘交易中我会犯错，我会变得情绪化，我会遇到一连串计划之外的问题。我所设定的新指标就是在连续20个交易日内不能让我的交易越过我设置的止损点（滑动价差除外）。在第19个交易日我违反了这条规则，我强迫自己重新开始计算日期，要做到这一点很难，这是我在完成这一指标时需要克服的最艰难的决定。

当然，这个过程非常难熬，因为我真的很想开始实盘交易。但我知道，如果我在没有资金风险的模拟盘里都无法坚持20天，我又怎能在实盘交易里避免这种情况呢？我知道我能轻易找到理由解释我没有止损的行为：前一天晚上我和同事出去喝酒了，我没有睡够。但这并不能解决问题。问题在于我仍然没能百分之百地相信在设置的止损点离场这条规则。所以第二天，我（很遗憾地）再次从第1个交易日开始算起。最后我连续坚持了20天，顺利地过渡到实盘交易。我真心相信这是我能够在学习交易的过程中保存我的资本的原因。从2018年开始实盘交易到写这本书时，我只有两次没有在止损点离场，一次是因为我没搞懂交易平台的新配置，无法用快捷键退出交易；另一次是我发现自己因为一次糟糕的补仓而陷入了可怕的“希望和期待”状态。可以看到，我仍然存在喜欢找借口的问题。请记住，有时候你需要惩罚自己，让你的头脑意识到在某些事情上你是认真的。

## 保持你的纪律性

在交易时段之外保持纪律性和在交易时保持纪律性同样重要。有一项任务对你的交易帮助是最大的，但许多交易者都容易忽略它，或者敷衍了事，那就是记录日志。有规律地每天坚持完成日志和你在交易时遵守纪律同等重要。在第三章中，我讨论过记录日志可以提高情商，但记录日志同样也可以提高你的纪律性。当你在记录日志时，你会发现一些你在克服由不确定性引发的情绪时忽略掉的东西。你可以在这个时候获得交易方面的提升，因为这时的你不会担心交易的结果。没有不确定性带来的不适和压力，你看待任何事情都会变得更加清晰。

你必须要培养自己在日志记录方面的自律，像对待交易一样严肃地对待日志记录。记录日志不仅是为了记录你的交易技术，它也有助于跟踪你的交易心理。请记住，一笔对你来说不顺利的交易也可以是一笔优秀的交易，反之亦然，一笔在你看来顺利的交易也可以被看作一笔糟糕的交易，因为你的管理方法不正确。如果你没有每天花时间以某种形式记录你的交易，你就很难知道你做得好的地方和需要改进的地方是哪里。

这个想法引出了关于我们日内交易者需要对自己做出哪些要求的讨论。

## 制订规则

作为日内交易者，我们每天都很疯狂。我们与逻辑作对，与理性作对，每天都将自己置身于我们头脑认为是危险的处境当中。不确定性伴随着每一次交易。然后第二天我们又会做出同样的事情。所以，我们要怎样应对这一切呢？答案是，我们通过制订规则来帮助我们应对不确定性。

安德鲁·阿齐兹在他2020年版的《如何以日内交易为生》中概括了十条规则，我们可以以此作为起点。当你成为一名不断进步并且经常查看你的交易日志的交易者时，你会开始制订出自己的一套规则。但是你应该只在交易时段之外制订你的规则，因为那时候你的头脑是清醒的，没有任何有关交易的压力和烦恼。这些规则的作用是在你头脑混乱、情绪失控时来保护你。规则是你的朋友。

有时候你会在交易过程中嫌弃你的规则，但你要记住，规则的存在是用来保护你免受伤害的，它是你的安全保障，因为当你坐在电脑屏幕前进行交易时，你的心理状态和平时是不同的。你的规则会阻止你做出那些你也许“感觉”是对的举动。当你正处于交易的过程中时，你感觉正确的事情和你想要做的事情并不一定是对你最有利的。例如，你可能认为不止损是有好处的，因为股价会“理所当然地”回升，然而事实上，这样做只会损害你的资金，从长远来看不会对你有什么帮助。

## 迈克的规则

就我自己而言，我制订了两种规则。我在制订规则时发现，有些规则很容易遵守，而有些则很难遵守。我在试图遵守其中一些规则时，总觉得似乎是自己在和自己打架。我得出的结论是我的处境和我面临的挑战决定了我需要什么样的规则。在本章的最后，我根据安德鲁的十条规则列出了自己的日内交易规则。你会注意到，安德鲁的十条规则就是我自己列出的规则中的前十条。如果这些规则适用于安德鲁，那么我想它们也会适用于我（它们确实对我在交易上的成功有很大帮助）。

我把我的规则分成两类：一类是被动性的（也就是预防性的），另一类是主动性的。

**被动性的规则**。这些规则阻止我做出一些我断定它们会对我的交易有害的事情。例如，我有一条规则是这样的，如果我查看了我的盈亏，我当天就不能再交易了，因为那时候我的头脑已经从专注于交易表现变成了专注于交易结果，这对我的盈亏是有害的。

**主动性的规则**。这些规则能够让我以某种方式行动，因为我已经断定这一行动将对我的交易产生积极的影响。例如，我有一条规则是这样的：如果某某条件达成，我就要不假思索地进行交易。我制订这条规则的原因是我总会在入场时犹豫不决，在一些好的机会里没有出手，错过了盈利机会。

你怎样定义你的规则非常重要，因为如果你的规则和你的交易性格不匹配，你就会不断地违反你制订的规则。让我们再次用止损来举例，因为我确信你已经知道了遵守止损计划对我的重要性（我认为你也应该把它看得很重要）。当股价到达你设定的止损点时，你就应该离场，希望你能够认可这一点。根据交易者的性格，交易者可以制订被动性的规则或者主动性的规则。

- 被动性的规则：我不允许价格越过我的止损点。
- 主动性的规则：当价格到达我的止损点时，我就要按下退出交易的快捷键。

止损规则的第一种措辞是说你不会让价格越过你的止损点。它不要求你做任何特定的事情，不要求你做出任何行动。它是被动性的。第二种措辞是主动性的，它要求你在条件达成时做出某种行动。两种措辞的目的是一样的，但执行起来有难易之分，这主要取决于你的性格类型。

请记住，规则是你的朋友。遵守它们是为了使你成为一名更好的交易者。交易规则的最终目标是使某种交易行为深深地刻在你的脑海中，使你不会产生不按照规则行事的念头。一旦你在交易中达到了这种状态，其他人就会把你视为一个有纪律的交易者，因为他们还无法做到你能够轻松做到的事情。

## 安德鲁的十条日内交易规则/迈克的十六条日内交易规则

**规则1：**日内交易不是使你快速致富的策略。

**规则2：**日内交易并不容易。它是一项严肃的事业，你应该认真对待它。

**规则3：**日内交易者不会持仓过夜。如果有必要的话，你必须止损卖出，以确保你不会持有任何股票过夜。

**规则4：** 经常问自己："这只股票的波动是被整个市场的走势所带动的吗？还是说它有自己独特的基本面催化剂？"

**规则5：** 成功的日内交易来自风险管理，即找到风险低、潜在收益高的入场交易机会。对于我来说，盈利概率起码要达到亏损概率的两倍。

**规则6：** 券商会为你在交易所买卖股票。作为日内交易者，你唯一要做的就是管理风险。如果没有卓越的风险管理技巧，即使你精通许多有效的策略，你也不能成为一名成功的日内交易者。

**规则7：** 散户交易者只交易那些有基本面催化剂、能够走出独立行情的活跃股票和高换手率股票。

**规则8：** 经验丰富的交易者就像游击队员一样，在正确的时机出现，拿到他们的利润就走人。

**规则9：** 空心蜡烛线，即收盘价高于开盘价，表明存在买入压力。实心蜡烛线，即收盘价低于开盘价，表明存在卖出压力。

**规则10：** 盈利的交易不掺杂情绪。如果你是一名情绪化的交易者，你就会亏钱。

**规则11：** 只在你拥有优势时进行交易。

**规则12：** 坚持你的交易入场条件，以使你的亏损最小化。规则的存在总是用来保护资金的。

**规则13：** 坚持你的交易离场条件，以使你的亏损最小化。规则的存在总是用来保护资金的。

**规则14：** 如果你错过了入场机会，那就将你的亏损降低到零，然后专注于下一笔交易。

**规则15：**如果一只活跃股票达到了你交易计划中的指标和证据条件，符合level 2行情里的条件，那么就要毫不犹豫地在适当的位置下达止损市价单。

**规则16：**如果你查看了你的盈亏，你当天就不能再交易了，因为你已经专注于金钱/交易结果而非交易过程。

## 本章重点

- 市场会奖励坏的行为，但同时它也会用最大的痛苦惩罚你。
- 遵守纪律是一种后天习得的技巧，你必须要培养你的纪律性思维。不管你想遵守哪条规则，你都要把它内化到心中，成为你的一部分。
- 在交易时段之外保持纪律性和在交易时保持纪律性同样重要。
- 你怎样定义你的规则非常重要，因为如果你的规则和你的交易性格不匹配，你就会不断违反你制订的规则。

第十二章

# 纪律松弛的原因

## 丧失纪律性

不管你觉得自己有多么自律，你都会在某些时候感到纪律的松弛。不让它影响到你的交易账户的关键在于风险管理。这就是为什么在你开始实盘交易之前能够坚持执行你的止损计划是如此重要。如果你了解你的策略和你要寻找的机会，你肯定会带着自信进入实盘交易。你会觉得你很快就能够成为一名成功的交易者。然后你会进行第一笔实盘交易，开始感受到你的情绪。如果你一开始就连续盈利，这将提升你的信心，但有时候你会不可避免地遇到连续亏损的情况，当这种情况发生时，你的情绪只会更加强烈。这时候你会开始丧失你在模拟盘里培养出来的纪律性。你要学会识别到你什么时候开始丧失纪律性，这样你才能重新集中注意力，找回之前的心理状态。

为了帮助你做到这一点，以下是牛熊交易者的心理学团队建议你去寻找的一些常见的迹象：

- **过度交易**。它也许和你想象的不一样，过度交易和你交易的次数无关，而是和你的交易超出了你当天的计划或是超出了你当天打算交易的金额有关。例如，如果我的计划是对所有符合条件的突破当日前高的股票进行交易，那么即使我当天做了14笔交易，也不算是过度交易。然而，如果我根据同样的计划做了6笔交易，但只有3笔交易符合我的条件，那么我就是在过度交易。

- **违背止损计划**。你现在肯定已经厌倦了关于止损的内容，但是让价格越过止损点是缺乏纪律的体现。这种有害的习惯通常会在不知不觉间形成。在某一天你会发现自己推迟了离场时机，希望股价会回升到你期望的地方，在另一天你又会发现自己在论证自己设定的止损位置是错误的，从而给这笔交易多留了一点余地，想看看接下来会发生什么。不要这样做，你需要把这个坏习惯扼杀在萌芽状态！

- **打破你的规则**。当你经常打破一条或者多条你精心制订的规则时，原因也许是你与某条特定的规则有冲突，这也许是一个警告信号，表明你在交易中的纪律性正在下降。如果你发现自己总是不断违反同一条规则，我建议你重新定义这条规则。不要忘了上一章所讨论的，规则和你的交易性格相匹配是非常重要的。

- **无法做出交易**。当我刚开始交易时，这是我最大的问题。与过度交易类似，无法做出交易也是一种缺乏纪律的体现。尽管“低仓交易者”可以把损失降到最低，因为他们不会将资金暴露在风险中，但他们也得不到相应的回报，因为他们只是袖手旁观。通常来说，一位太过谨慎的交易者看到他的机会来临时反而不会行动，因为他会认为这不是个好的机会，害怕自己因此而失败。如果这笔交易真的没有奏效，他的这种思维模式就会被强化。另外，如果这笔没有做出的交易实际上是一笔好的交易，他就会产生懊恼的情绪，从而增加了他在下一笔交易中盲目进场的可能性。

- **过早入场交易**。当你没有耐心等待机会完全显现出来时，就会出现这种情况。你会操之过急，过早入场交易。这通常是过度交易的前兆，因为最初的交易可能会失败，但股价走势最终会到达合适的入场点。存在这个问题的交易者往往会多次买入同一只股票，直到他们认为不值得这样做为止。这时候的交易者准备将这笔交易抛在脑后，准备继续交易时，被他们抛弃的股票终于走出了他们想要的行情（似乎总是会这样！），这导致他们更加懊恼。

- **由于连续多次盈利而过度自信**。市场是随机的，有时候这种随机性会让你连续多次盈利，这与你的能力和技巧没什么关系。这会导致你过度自信，产生一种“我搞懂了这些事情”的感觉。你会开始改变你的交易计划，增加持仓规模或者交易次数。当你再次遇到亏损时，你的仓位往往已经过重，导致你回吐了所有的盈利。

- **由于计划（包括策略）测试失败而丧失信心**。我认为这是交易者在新手阶段失败的一个主要原因。实盘交易比模拟交易多出了一个因素，那就是你的交易心理。如果你没有百分之百地相信你的交易计划，当交易没有按照你想要的方式进行时，你的头脑就会把责任推给除了你之外的所有事情。你会认为是你的计划出了问题，所以你会回过头来修改计划，并且一次次地重复这个过程。直到你对你的计划有了百分之百的信心，你才能开始面对真正的问题。不管你做了多少自我反省，只有当你完全相信你的交易计划时，改变和提升才会到来。

● **买入相对于你的账户规模很大的仓位**。这种缺乏纪律的情况很容易理解。请记住，交易不能使你一夜暴富。学习正确的交易方法需要时间和努力。持仓规模过大会使你的资金承担不必要的风险，市场迟早会因此而惩罚你。当市场惩罚发生时，你可能会有严重的情绪反应，这些反应往往会阻碍你正常执行你的交易计划。

● **没有交易计划**。如果你在交易时没有计划，你就只是拿着资金在市场上赌博。拥有交易计划对于维持纪律来说至关重要，因为没有交易计划你就无法让自己负起责任来。如果你的行动没有限制、规则和条理，你基本上就是在让自己随心所欲地行动。但必须指出的是，拥有交易计划的交易者也可能会陷入这种情况。在一次令人难受的亏损之后，交易者很可能会抛弃他们精心制订的交易计划，开始盲目交易。再一次重申我刚才的看法：没有交易计划，你就只是拿着资金在市场上赌博。

● **特定情形下的表现压力**。这种压力包括从连续亏损到人生的重大改变等一切特定的情形。在我离退役日期越来越近时，我遇到了我最糟糕的一次交易低谷。在退役的那一天，我的人生将发生重大的改变，我将要离开这个待了23年的熟悉又舒适的生活环境。即使我对未来的宏大计划充满信心，但我还是能感觉到对未来的不确定性。无论如何，我在潜意识层面上仍然很担忧，不知道自己有没有能力养家。如果你正在经历人生中的重大改变，它可能会渗透到你的交易中并且影响你的交易表现，了解这一点很重要。

● **分心和无聊**。你的手机、电子邮箱、社交媒体和其他让你分心的东西可能会导致你在最需要集中精神的时候无法集中注意力。如果你一整天都在交易，情况就更是如此。你在电脑屏幕前待得越久，你就越容易在等待机会时分心。我曾经有无数次在跟踪股价走势，等待交易机会出现时被电子邮件或电话干扰。当我重新集中注意力时，你肯定能猜到，我往往因此而错过了交易机会。你必须警惕，不要让这种情况导致你追逐交易。如果你错过了入场机会，那就让它错过吧，把目光放在下一笔交易上。

● **精神不集中**。在电脑屏幕前坐上一小时或者几小时，持续盯着一个个波动的指标，可能会让人精疲力竭。当你精神不集中时，就更容易分心。如果你不把注意力放在你应该做的事情上面，你的交易肯定会受到影响。你可能会因此错过机会，从而使你更加害怕错过下一次机会，导致你追逐交易，在高点买入，在错误的时机入场。

要做到有纪律，首先要有一个精心制订的交易计划，还要有一种方法衡量你坚持交易计划的能力。你要对自己在交易中所做的事情进行不断的分析。在你学习交易时，你要敢于问自己，你事先制订的这个交易计划是否适合你。你需要花时间探索所有的潜在替代方案。一旦你能够找到一个符合你性格的交易计划，你就会开始在纪律方面取得巨大的进步。

## 本章重点

- 要想避免纪律松弛对你的交易造成损害，关键是做好风险管理。

第十三章

# 提高纪律性

## 如何提高你的纪律性

你很难想象有人在没有了解任何一种交易模式和市场的情况下能够成功地以多种交易模式、在多个市场上进行交易。通过研究特定的交易机会，你就能专注于模式识别、执行技巧、金钱管理和纪律方面，这些技巧在你扩大交易范围时会派上用场。每天收盘之后，我都会花一个小时回顾和分析我的所有交易，包括我错过的或者没有做出的交易。我学到的一件事情是，你必须在交易中发挥你的优势。

> 成功从来不会凭空出现，它总是建立在之前的成功之上。
>
> ——布雷特·斯滕巴格博士

根据你的优势进行交易会增加你的信心。随着你的信心不断提升，你对自己的策略的信念也会提升，使你更加容易遵守策略。你越是重复这个过程并得到积极的结果，你的回报就会越大，最终你的行为会成为你自身的一部分。当这种情况出现时，你不需要考虑你要做什么，你只需要自然而然地去做，因为你百分之百地相信，不管结果如何，这就是正确的事情。就像前面提到的，其他人在这个时候会认为你是有纪律的，因为你可以做到他们（还）不能做到的事情。

我们所有人，包括最成功的交易者在内，都会在交易中经历一些不守纪律的时期。要实现并维持必要的交易纪律是很难的，因为交易活动本身的性质就会使你暴露在你的心魔面前，使你不断和你的弱点发生冲突。通常，人们（包括我在内）在做交易时，会认为自己已经是一个守纪律的人，有能力在当下的环境中表现良好。然后你会惊讶地发现，当你开始交易时，你不能控制自己的所有行为。你必须记住，每次做交易时，你都是在主动地将你的头脑放在一个不确定的环境之下，而在其他环境中，你的头脑会将你的行为看作在特定环境下获得确定性的途径。因此，和你在年轻时被教导的怎样通过遵守纪律来获得确定性类似，现在你必须要教导自己怎样在不确定的环境中遵守纪律。

下面我提供了一些建议来帮助你在交易和交易之外的生活中提高纪律性。你也可以使用许多其他的方法，但我在和牛熊交易者的心理学团队一起工作过之后发现，下面这些建议对我来说是最有用的。

- **设定清晰的目标，制订明确的计划来执行这些目标**。如果你想提高你在某个领域的自律，你一定要对你想要达到的目标和实现途径有清晰的认识。例如，仅仅在口头上表达你不想过度交易是不够的，你需要制订一个关于怎样实现不会过度交易这个目标的详细计划。这个计划应该概述这个领域的成功对你的意义是什么，应该包含一套清晰的、使你达成目标的步骤。想清楚你是谁，你是怎样的人，你的目标是什么。如果你不花时间做这件事请，你可能只会在原地打转，而不是朝着你的目标前进。

- **找出你的弱点**。我们在交易中都有弱点。就我个人而言，我很难下定决心做出一笔交易，我就是那种谨慎过头的低仓交易者。就像我之前所说的，这种交易者适合保存资金，但不适合赚钱。有些人存在相反的问题——过度交易，这对于保存资金来说是不好的，但如果能够控制好风险的话，就能够扩大账户的规模。作为交易者，不管你的弱点是什么，你都要承认它们。通常来说，交易者要么试图假装他们的弱点不存在，要么在生活中掩盖他们的弱点。你需要勇敢地面对你的弱点，只有这样你才能够克服它们。

- **提高你的自律**。我不希望由我来告诉你这一点，但你需要知道，没有人天生就自律。这是一种通过后天学习而来的品质。就像你想改善生活的其他方面一样，提高自律需要日复一日的练习和重复。提高自律是一项艰苦的工作，需要付出巨大的努力，如果没有立竿见影的效果，你可能会感到疲惫不堪。随着时间的推移，这可能会导致你很难专注于你的目标。如果你面对的诱惑很大，事情会变得更糟，你可能会在生活的其他方面也变得缺乏自律。请记住，培养自律的过程中会有起伏，但你每天都要认真对待这个过程。

- **消除诱惑**。俗话说："眼不见，心不念。"这是一条很有用的建议，但你可能会想，你每天都要坐在诱惑最大、最浪费时间的东西——你的电脑前面，你要怎样消除诱惑呢？其他诱惑（例如手机和电子邮件）也会对你的交易产生负面影响，但你可以相对简单地把它们排除在视线之外。基本上，如果你可以移走它们，那就移走它们。如果你不能移走它们，那就制订一条规则帮助你避免被这些诱惑干扰。然后遵守你的规则！干扰你的事物越少，你就越能专注于完成你的目标。通过远离不良影响来为成功打下基础。

- **饮食健康**。我会在本书第六部分更加深入地讨论这个话题，但现在，请你想一想你饥饿的时候。我认为你在饥饿时会更加容易变得急躁不安和愤怒。这种情绪反应会阻碍你的大脑在最佳状态下运行，尤其会影响到你专注于单项任务的能力。你可以想象，这些情况对你的交易是不利的。

- **通过保持任务简单来养成新习惯**。当你着手一件大事，例如改变一个习惯时，你很快会觉得事情太难，感到自己无能为力。为了避免这种情况，你要把事情分解成多个可以完成的任务，而不是试图一次性地解决整件事情。例如，如果你有过早交易的问题，那就强迫自己在开盘时等待，在任何情况下都不要进行交易。开盘的头五分钟只看盘，不进行交易。只有在平静下来并且能够控制你的情绪和行为时，你才能够交易，即使这一过程花费了15分钟、30分钟或者更长时间。强迫自己在遇到好机会时不进行交易，这能使你的头脑强化这样一种观念：合适的交易机会总会再次到来。你不必担心你错过了出现在你屏幕面前的第一个机会。

- **奖励自己**。因为某种成就而获得奖励是最令人激动的。这种感觉在你的童年时就已经形成。你还记得你因为取得好成绩、做了父母要求的事情或者在课外活动中表现优异而受到父母奖励时的感觉吗？这种感觉肯定很棒。现在作为成年人，你没有理由不能在完成目标后得到奖励。这将帮助你专注于你的抱负，因为你的奖励会使你专注于一些积极的东西。但不要忘记，在奖励自己之后，你要制订新的目标和新的奖励，以防自己在个人成长的道路上停滞不前。

- **制订后备计划**。我总是建议你制订一个后备计划，因为无论你的计划有多好，计划总是赶不上变化，不是每件事都能像你预期的那样展开。无论你交易过多长时间，你肯定都体验过输入错误订单的感觉。当你下了错误的订单时，你会产生一股强烈的情绪，因为你的计划不再有效了。如果你预见到了这种情况，制订了应对计划，你就能迅速采取必要的步骤，让自己重新对你希望做出的交易感到舒适。

- **原谅自己并往前看**。交易是很难的，在交易生涯中，有时候你会达不到自己的目标，有时候你又会取得巨大的成功。交易中的情绪会大起大落。前一分钟你可能会感觉自己永远无法达成目标了，但下一分钟你可能又会因为这笔交易成功了，你把损失的利润都赚了回来，而感觉自己已经站在了世界之巅。一定要记住，当你犯错误时，你要重整旗鼓，从教训中学习，原谅自己，然后回到市场上，重新专注于你的目标。

## 本章重点

- 通过研究特定的交易机会，你就能专注于模式识别、执行技巧、金钱管理和纪律方面，这些技巧在你扩大交易范围时会派上用场。

- 根据你的优势进行交易会增加你的信心。当你的信心不断提升时，你对你的策略的信念也会提升，使你更加容易遵守策略。

PART 4

第四部分

# 正念的力量

第十四章

# 什么是正念

关于培养好的交易习惯，练习正念可能不是你的首要任务，我甚至怀疑它根本不在你的任务清单当中。之前我从来没有想过成功的交易会和正念有关系。直到我被要求做一个关于这个主题的演讲，我才开始了解到，在交易中加入正念练习可以给我带来巨大的帮助。有趣的是，虽然我在日常生活中会使用正念练习来应对焦虑，但我从来没有想过我可以用同样的技巧来应对交易时的焦虑。这肯定是个所谓的盲点。

## 正念的定义

让我们从定义开始。正念可以被定义为全心全意地关注当下的一种能力，你完全意识到自己在做什么、在哪里。它意味着你不会因为周遭的事情而不知所措或者反应过度。正念不是晦涩难懂的、奇特的东西，它不是你生活中的特殊附加物，你不需要改变你自己。

正念也可以被定义为感知和觉察当下的一种品质或状态。把注意力集中在当下，平静地承认和接受自己的感受、想法和身体感觉，你就能够达到这种心理状态。

正念有能力改变一个人，因为任何人都可以练习正念。它是一种生活方式，是以实证为基础的，同时它也能激发创新精神。

在深入探讨怎样才能最好地利用正念来提升交易之前，重要的是先了解正念的三种属性。正念在一笔交易中的每个阶段或者每个方面都能起作用，这主要是因为它的属性能够和你的技巧同时被运用。你应该知道这些属性，不仅因为它们能够帮助你成为一名更好的交易者，还因为如果你忽视它们，你就有可能做出伤害自己的行为。如果你已经交易了一段时间，你可能已经将这些属性融入你的交易风格中，即使你可能还没有把它们和正念正式联系起来。

## 正念的三种属性

### 自我意识

正念的第一种属性是自我意识，也就是清楚地认识到自己的性格、感受、动机和欲望。自我意识不是一种固定不变的特质，而是可以锻炼和培养的。通过有意识地练习自我意识，你可以评估自己的价值观、热情和目标是否和你当下的环境和情绪相适应，然后你就能知道怎样更好地协调它们。

你越是专注于自己而非其他人的成就，就越能通过自己的个人指标来评估你的行为。这些指标规定了你应该拥有怎样的信念、感受和行为。也就是说，你的指标就是你想要坚持的那些价值观和信念。如果你的行为符合这些指标的要求，你就会感到自豪，否则你就会感到失望。因此，自我意识成为练习自我控制的基本工具。在你能够控制或者改变一种行为之前，你必须首先了解这种行为出现的原因。不断评估你的意识可以帮助你客观分析市场提供的信息。

## 专　注

正念的第二种属性是专注，也就是你的兴趣或活动的重心。为了正确执行交易，不管你处在一笔交易中的哪个阶段，专注都是至关重要的。然而，有许多因素会影响到你严格专注于交易的难度。例如，在开盘期间保持专注要比在下午时保持专注容易得多。然而，无论你在什么时段交易，保持专注都能使你更好地分析股票、执行交易和理解市场提供给你的信息。

专注于当下意味着你只专注于你想要完成的事情，没有其他干扰。在这个时候，其他一切事情都不重要，所以你需要排除其他的所有干扰，全心全意地投入手头上的工作。如你所知，这说起来容易做起来难。你生活在这样一个世界里——每个向你发送电子邮件和短信的人都希望得到即时的回复。还有电视、收音机、手机、社交媒体等等，这些信息平台的提供者都希望你能在它们上面花费时间。

你还可以想想，你现在出去散步会遇到什么。在你离开家走到目的地的这段时间里，你会被多少眼花缭乱的广告轰炸？在交易过程中保持专注并不容易，因为我们的社会并没有让我们的头脑做好在任意特定的一段时间里专注于单一活动的准备。相反，我们的社会让我们成为多任务处理者，善于在非常短的时间里筛选和处理各种事情，却毫不关心细节。因此，你需要努力锻炼你的思维，在你交易时，其他的一切事情都不值得关注。你必须学会将所有精力都放在你正在做的那笔交易上。

## 集中精神

正念的第三种属性是集中精神。尽管它和专注密切相关，但它们实际上是很不一样的东西。集中精神是集中注意力或集中精力的行为和能力，可以帮助你达到专注的目标。

我现在想通过几段话好好阐述一下集中精神这种属性。人们通常会忽略它，或者把它和专注混淆起来，但如果你在经历自我破坏或者在计划之外交易的问题，它就能够派上很大的用场。

集中精神有助于你客观地找到交易机会，然后执行和管理你的交易，而不是执着于结果。它能帮助你专注于过程而非结果。

集中精神是有效交易和在市场上取得成功的关键因素。那些处在挣扎中并且诚实地评估自己的交易者，往往会发现他们很难把精神集中在他们交易中的一个或者多个方面上。

你会在一份冗长的电子邮件或者博客上花费多长时间的注意力？如果你像我一样，看完头几行内容就跳到下一封邮件或文章，那你就是在同时应付多个任务。我更喜欢收到简短、快速的回复，因为这样能够更加容易地同时专注于多个任务。

你认为自己是个出色的多任务处理者吗？你会马马虎虎地完成多个任务，还是会认真地做好一个任务之后再做下一个任务？不能集中精神会使你的头脑寻求短期满足，而不是耐心等待长期目标完成之后再获得满足感。

在你阅读本章内容时，你可能会想：迈克，这些内容和交易有什么关系？

正念和交易息息相关，因为从本质上讲，正念就是你如何表达自己。如果你还记得，在本书第一部分，我阐述了技术、策略和心理是交易的三大支柱。你的心理，你的思维，都至关重要。你要学会调整你头脑中生产力较低的部分，让它们不再对你的交易产生负面影响。

一旦你能够做到这一点，你就能"进入状态"。你不会想着每笔交易的结果、你的资金、你的错误和你的目标。你只会全心全意地思考你当下的表现。

集中精神的目标，即正念的实践部分，就是觉察到你当下的状态，再加上你想要的专注，然后把两者结合起来。这样你就可以专注于当下，忽略其他的一切，从而成功地执行你的交易计划。

把精神集中在你执行交易计划中的每一步（交易之前、交易之中和交易之后）的愿望上面，会使你的头脑专注于当下，忘记生活中其他让你分心的事情。请注意你想要的专注是如何激发你精神集中的，但正因为有了集中精神这个行为，你才能够专注起来。如果你专注于结果，你的精神就会集中在交易结果上面。所以你需要让自己专注于过程，这样你的精神才会集中在交易过程上。这样会防止你专注于亏损、短期目标和长期目标，避免你产生"如果我做了这件事情就好了""我本来应该做那件事情"之类的想法。

集中精神不外乎就是把精神集中在你在某个特定时刻需要做的事情上面。它使你的头脑一次只关注一件事情，让你“进入状态”并正确执行你的交易计划。

## 干　扰

现在我们来讨论一些干扰你集中精神的事物，从推特（Twitter）、脸书（Facebook）、照片墙（Instagram）、领英（LinkedIn）等社交媒体说起。人们在交易时经常在电脑上开着这些软件，并且没有关闭消息提醒。你能想象一个人（也许就是你自己）在分析股票并准备交易时，社交媒体的消息提醒一直弹出吗？人们会下意识地对每条消息提醒看一眼，然后迅速决定是否需要做出回复，是否可以继续做他们正在做的事情。这就是精神不集中的体现。

也许你的电脑里没有这些软件，但你的手机上呢？我敢说大部分交易者的手机里都至少有一两个社交媒体应用程序，还有来自短信和电话（虽然现在电话出现的频率越来越低了）的干扰。我敢肯定，大部分交易者都会把他们的手机放在离交易站很近的地方，因为这些设备已经成为我们生活中不可或缺的一部分。在写这本书的时候，我观察了我的家人一天时间，看看他们能否在不被手机打断的情况下完成单个任务。信不信由你，他们之中没有一个人能够超过一个小时不看手机，即使在看电影时也是一样。

还有传统的电子邮件。你可能不会在进行一笔交易期间打开收件箱，但我觉得你或许会在交易之前查看一下电子邮件。尤其在你登录工作邮箱的时候，有时候你会收到一封让你情绪激动的邮件，因为里面的内容不是你想要的，或者你在看完一封邮件之后，发现自己当天有了更多的工作要做。这会影响到你进入市场的情绪，如果你不能够恰当处理这些情绪，就很可能会出现情绪化的交易。

最后，你可能还有交易之外的一些日常工作，根据这些工作的重要性，你的头脑可能会在你交易的时候一直想着它们，尤其是你在市场节奏变得更慢的时段里进行交易的时候。

## 培养集中精神的能力

在当今世界，人们手边有太多不同的干扰物，培养集中精神的能力是很难的。不管怎样，这种技能能够很好地帮助你成为一名持续盈利的交易者。

下面的建议旨在帮助你培养集中精神的能力。培养这种能力和培养其他交易能力一样，都需要付出努力，希望它们能够帮助你进步。

- **冥想**。练习冥想能够帮你摆脱“我本来可以……”和“如果我……就会……”这类无休止的问题。冥想能够通过放松帮助你改变大脑的结构和功能，从而减轻压力，减少焦虑和沮丧情绪，提升专注和精神集中度。

- **头脑游戏**。能使你精神更加集中的头脑游戏有很多种，包括填字游戏、拼图、下棋和电子游戏（是的，甚至电子游戏也算在其中！）。它们会迫使你进行批判性的、有逻辑的思考，促使你的头脑保持专注。尤其是电子游戏，它们会迫使你注意游戏中的小细节，以此来帮助你的头脑集中精神。

- **大自然**。研究者发现，在自然环境里进行短暂的散步能够帮助你缓解大脑疲劳，恢复注意力，使思维更加敏锐。如果你感到焦虑不安，你可以离开电脑，到公园里进行一次舒适的散步，调整你的思绪。

- **锻炼**。锻炼是最简单、最有效的提高专注、动力和心情的方法之一。体育活动能够立即提高你大脑中的多巴胺、去甲肾上腺素和血清素的水平，它们都会影响到你的专注和精神的集中力。不管是瑜伽还是超级马拉松都是锻炼。做哪种锻炼不重要，重要的是你要离开你的椅子，开始运动。

请记住，有些集中精神的方法适合你，有些不适合你，这对于每个人来说都不一样。如果你需要培养集中精神的能力，我鼓励你至少尝试上述方法中的一种。

你也要知道哪些健康情况会影响到精神的集中。这并不意味着当你有某些健康情况时你就不能交易，但你确实需要了解你自身的情况。思考一下你可以采取哪些缓解措施，把它对交易的潜在影响降到最低。如果你觉得自己有以下任何一种情况，我建议你去咨询一下医生。

- **多动症**。注意力缺陷或是多动障碍是一种精神健康状况，包括一系列持续的问题，例如，难以集中注意力、多动和冲动行为。
- **认知失调或认知障碍**。认知障碍有轻重之分。症状包括在记忆、学习新事物、集中精神和做出影响日常生活的决策等方面存在问题。
- **抑郁**。抑郁的症状包括比一般人频繁得多地感到失落、悲伤和不安，这种情绪的持续时间也要比一般人长得多。

- **焦虑**。焦虑、害怕和担忧会时不时地出现在每个人身上。在人生重大事件面前或者在做出重要决定之前感到焦虑是很正常的。但是，慢性焦虑会使人处于虚弱状态，导致不理性的想法和恐惧心理，干扰你的日常生活。

- **脑震荡和其他头部损伤**。这是一种由头部受到撞击、打击或震动，或者身体受到撞击导致头部和大脑快速来回移动造成的创伤性脑损伤。这种突然的移动会导致大脑在头骨中反弹或扭曲，在大脑中产生化学变化，有时候会导致脑细胞被拉伸和损伤。我深有体会，因为我多年来遭到过几次脑震荡，这就是我倾向于不再在开盘的波动中进行交易的原因。我发现在随后的时间段里交易会使我更加成功，因为我会有更多时间处理屏幕前闪过的所有信息。

## 本章重点

- 正念可以被定义为全心全意地关注当下的一种能力，你完全知道自己在做什么、自己是谁。它意味着你没有因为周遭的事情而不知所措或产生过度反应。
- 集中精神有助于你客观地找到交易机会，然后执行和管理你的交易，而不是执着于结果。
- 有很多种干扰会阻碍你形成交易所必需的精神集中度。

第十五章

# 盘前的正念

## 交易日的五个部分

我已经阐述了什么是正念，以及为什么在交易时集中精神那么重要。我还想特别讲讲在执行交易的不同阶段保持正念意味着什么。

我把交易日分成五个部分：盘前，每笔交易之前、之中、之后，和盘后。

根据你的交易方式，中间的三个部分在每个交易日里都可以发生很多次。同样，这当然不是唯一一种划分交易日不同部分的方式，你完全可以有其他的划分方式。你可以利用下面的信息补充你已经制订好的交易计划。

## 盘前的正念

在盘前的这段时间，你应该把主要精力放在自我意识上，并让自己为交易日做好心理准备。这是了解你心理状态的时段。早上的常规准备工作的目的是分析你的心理、身体和情绪状态，以便评估你在开盘后的交易状态。每天的评估都不一样，因为你每天都会有不同于前一天的感受。

例如，你的亏损有没有超过每日设定的最大亏损额？你是否违反了很多规则？你是否和你的配偶或伴侣吵架了？你的工作是否很不顺利？你是否期待工作？你睡得好吗？你的身体状态好吗？所有这些因素，以及其他的更多因素，都会影响你在交易时的心理。忽视它们就相当于把它们憋在心里，当你把某些东西憋在心里时，它们最终都会通过不同方式展现出来，在交易中，它们会以对市场的反应展现出来。图15.1是一份评估自我意识的问卷，我每天早上都会用它来评估自己的状态和处境。

## 交易日志

**（评估自我意识）**

- **身体上**
  - > 睡眠时长：____________
  - > 昨天的体能锻炼：____________
  - > 酒类：____________
  - > 饮食：____________
- **精神上**
  - > 警觉性：____________
  - > 专注度评分：____________
  - > 身体评分：____________

（接上图）

> 情绪状态：______

> 意识：______

■ 有待进步领域的实施：

______

______

______

______

______

■ 你昨天做了哪些有利于提升交易水平的事情：

______

______

______

______

______

**图15.1　交易日志（评估自我意识）**

你所在的时区将对你的盘前准备工作产生重大影响。股市在美东时间9:30开盘，这意味着美国东海岸的交易者在早上拥有的准备时间超过美国西海岸的交易者。根据你的工作时间表和生活方式，美国之外的一些交易者会在美东时间9:30到16:00这段时间里遇到很大的挑战。我从日志中发现，就我个人而言，我在锻炼之后会交易得更好。

这对我在下午时段的交易是有好处的，因为我住在西海岸。我更喜欢在开盘前锻炼，但经过仔细评估之后，我认为在盘前用锻炼来代替其他事情对我不会有持续的好处，所以我决定在早盘交易之后锻炼。你也应该对你的日常时间安排做出类似的分析，以找到你所在的时区内最适合你的日程安排，这是很重要的。

## 偏　见

无论你处在哪个时区，你都要能够在开盘前诚实地评估自己，从你当天的偏见开始。当然，我们都想说我们没有偏见，我们只会让价格走势决定我们的行动，但事实往往并非如此。你接触到的一切事情都会让你对当天的交易日产生偏见。想一想新冠肺炎疫情造成的市场重挫。你早上醒来看到新闻的那一刻在想什么？是在想着“我没有任何偏见，我会让价格走势决定我的行动”吗？

有些交易者可能是这样想的，但我认为大部分交易者都至少会对一些股票产生做空的想法，例如游轮和航空公司的股票。我并不是说存在偏见是件坏事或是好事。我想说的是你需要知道你的偏见是什么，这样你就能在开盘时客观地执行你的计划。

觉察到自己的偏见可以让你客观地分析市场，根据价格走势和成交量而不是根据先入为主的想法进行交易。不幸的是，如果你不知道你的偏见是如何影响你的交易的，你的账户可能会因此而亏空。老话说得好：“市场保持非理性的时间可能会比你保持清醒的时间更长。”

如果你在进入交易日时想着“这只股票会上涨，因为它的业绩很好，而且发生了某某事件”，这种做法是很危险的。当你这样想的时候，你的头脑会下意识地寻找那些能够证明你的看多偏见的信息，忽略那些告诉你这只股票将要被市场抛售的信息。在开盘前了解自己的偏见能够使你客观地分析价格走势和成交量。

## 警觉性

接着你要看看你当天的警觉性有多高。你睡了多长时间？你的睡眠是否足够让你的头脑和身体恢复状态？我对这一点深有体会。你的身体可以在几乎不睡觉的情况下运行，这不是问题。问题是你的头脑需要睡眠来恢复状态，否则它就无法正常运行。

我记得我在担任教官时曾经非常疲惫，以至于有一天早上醒来，我甚至忘了怎么刮胡子。我知道我要刮胡子，但我的头脑不知道该怎么实现这个动作。我也看到其他疲惫的教官甚至连2+7这样的简单算术也做不出来。他们会说出一些奇怪的数字，如14。所有飞行员和机组成员在驾驶飞机的前一天都会被要求至少保证8个小时的无间断睡眠，因为如果飞行过程中出现问题，他们就要花费很大的脑力。交易也是一样的。成功交易需要花费大量的脑力。

我知道你们在想什么。有经验的交易者醒来坐在电脑前，在开盘的头几分钟就能做出成功的交易，这一切看上去很简单。但你要记住，他们已经这样做了很长时间，这些事情已经刻在了他们的脑海里。尽管许多经验丰富的交易者能够在比新手睡得更少的情况下发挥出最佳水平，但情况并非总是如此。

我记得有一位资深交易者到新西兰旅行，并且想要像平常一样交易。但不幸的是，纽约的夏令时开盘时间正好是新西兰的凌晨1:30。你可以想象，他的交易并不顺利。但不同之处在于，这位资深交易者能够理解这个困境，并且迅速得出结论，即在这趟旅行中交易是不可行的。

## 情绪状态

在每天早上开盘之前你都要考虑自己的情绪状态。你在情绪上为交易做好准备了吗？正如我之前提到的那样，交易是一种心理挑战，如果你的情绪不在状态，你就可能经历灾难性的一天。那些和你前一天的交易表现无关的事情可能会影响到你的情绪，例如和其他人争吵、工作上的变动、财务问题、健康问题、家庭/人际交往问题等等。重要的是认识到这些问题，接受它们，并且判断它们会如何影响到你的交易。我们都想要每天进行交易，但如果我们的情绪在某一天没有做好准备，这些情绪对我们的交易来说弊大于利。

最近我不得不在模拟盘里交易了整整两个星期，不是因为亏损，而是因为我在交易之外的生活一团糟，我觉得多处理一件事情只会给我的情绪状态增加更多的压力。这两个星期是我从军队服役转变为全职交易的过渡期。退役前的一周，我每天的时间都被各种活动挤满了。

家人和朋友来到镇上，我需要为退役仪式做准备，需要和接替我职位的人进行工作交接。最重要的是，在连续23年每天都在做同样的事情之后，这是我人生中的一个非常重大的转变。在这两个星期里，一切都很混乱。我对退役和开始全职交易感到兴奋，最重要的是，我终于能够每天和家人待在一起，不用出差工作了。我没有强迫自己进行交易，而是选择在这两个星期里每天醒来，享受在牛熊交易者社群里的时光，尝试我以前没有尝试过的各种不同的交易策略。在我人生的这段时间里，我想无忧无虑地享受生活，因为我知道当这一切事情结束时，市场还会在那里等着我。

## 身体状态

下一个要关注的是你的身体状态。身体状态的重要性与情绪状态相比要轻一些，因为你只需要坐在电脑前点击鼠标就可以了。但如果你生病了，或者背部、膝盖、手臂等部位出现疼痛，你的注意力就会分散。认识到这一点并且了解你当天的局限是很重要的。想一想你能够坐多久而不休息。你需要站着而不是坐着吗？还是需要坐着而不是站着？

最后，你要在每个交易日里评估你的专注程度。在某些日子里，你的专注程度会比其他时候高得多。生活就是如此。如果你懂得评估你盘前的专注程度，你就能了解你在开盘后能够保持多高的专注度。例如说，一个很好的测试是看看你的头脑在因为其他事情分心之前，你能够在盘前准备工作的某个方面保持多久的专注。

## 使正念状态达到最佳

一旦你完成了自我评估，你就要着手将当下的正念状态提升到你想要在开盘时拥有的状态。同样地，这将取决于你的时区和你在开盘前拥有的准备时间。

让自己专注起来的一个方法是正念冥想。有越来越多的研究表明，当你用正念训练你的大脑时，你实际上是在通过一个叫作神经重构的过程重塑大脑的物理结构。通过长时间有意识地思考和行动，你就不会那么容易冲动和盲目反应，这将降低你的焦虑水平。

第二个方法是锻炼。就我个人而言，我希望待在美国东海岸或者其他能够让我在开盘前进行常规锻炼的时区。在美国西海岸得不到这种机会，但我要指出，通过记录日志我发现，当我在开盘后锻炼，然后在下午回来交易时，我的表现会变得更好。也许是因为锻炼促进了血液循环和记忆，刺激了大脑中的化学变化，从而改善了我的学习能力、思考能力和情绪状态。作为交易者，我们当然想要在所有这些方面都达到最佳状态。

讲完了锻炼的重要性，自然就会引出饮食习惯的问题，想象一下，如果你拥有一辆兰博基尼跑车，你会开着它到当地加油站加普通的无铅汽油吗？我觉得你不会。你想给它加最好的汽油，因为你想让它的引擎以最佳状态运行。就像昂贵的汽车一样，你的大脑也会在得到高级燃料时运行得最好。摄入包含优质维生素、矿物质和抗氧化物质的健康食品能够更好地滋养你的大脑。

最后，就像自营交易公司的交易员会开早会一样，你也想要参加会议。牛熊交易者社群的早会被称为“盘前的交易准备节目”。交易者了解其他散户交易者的想法和关注点是非常重要的。在这个节目中，主持人会找到活跃股票，评论当前的市场新闻，指出哪些可靠的催化剂会导致股价出现跳空缺口，指出支撑位和阻力位。最重要的是，你能够从社群其他有经验的交易者那里得到启发。

这一切最终都要转化为你早上的日常准备流程。这个流程一定是可重复的。如果不可重复，你就无法每天执行它。另外，有一套可以重复的流程可以在你不在最佳状态时提醒你，因为你每天都可以通过前一天的表现来衡量自己。例如，如果你习惯了在每天早上开盘前阅读笔记或者冥想，但是你在某天早上很难专注起来，很难完成这些事情，这就是在提醒你要谨慎行事，因为你可能很容易在当天的交易中受到负面影响。

重要的是要记住，你早上的日常准备工作要能够在不同的环境下执行，特别是当你还有另外一份职业的时候。交易之外的因素可能会影响你早上的安排。例如，你希望确保你能够在旅行时或者在和全家人度假但仍然想要交易时执行你的计划。安德鲁·阿齐兹就是个很好的例子。他可以在世界上的任何地方进行早上的日常准备工作，不管是在加拿大的家中、山上的咖啡店，还是在机场航站楼的候机室里。

要确保你的计划是适合你的。作为人类，我们喜欢做那些让我们感到舒适的事情。作为交易者，只要市场一开盘，我们就会自动置身于不确定性当中，这会让我们感到不安。不要在不必要时提前引入这种不舒服的感觉，不要强迫自己在早上的准备工作中做一些你不喜欢做的事情。

找到适合你做的事情，用最少的精力执行它们。你的日常准备工作应该是令你感到很自然的事情，是你每天早上醒来后期待去做的事情。交易应该是愉快和有趣的，这样你才能轻松地度过交易不顺利的日子。

盘前准备工作结束时的目标是了解你的心理状态。为了成功执行你的交易计划，你需要清楚地认识到你当天的偏见、你的情绪和身体状态，以及你的头脑对当下的专注程度。

## 本章重点

- 在盘前的这段时间，你应该把主要精力放在自我意识上，并让自己为交易日做好心理准备。
- 早上的常规准备工作的目的是分析你的心理、身体和情绪状态，以便评估你在开盘后的交易状态。

第十六章

# 交易之前的正念

## 耐　心

除非你是一开盘就进行交易，否则你就要做好在开盘后评估自己的准备，因为在价格开始变动的那一刻，你的情绪就会自然而然地涌上来。这时候耐心这种品质就能发挥作用。

在交易时保持耐心是至关重要的。如果没有耐心，你会在交易机会完全出现之前匆忙入场。尽管你在交易日的主要关注点是寻找潜在的交易机会，但与此同时你也要不断地评估自己的情绪。你没有进入一笔交易当中并不意味着你没有在执行交易的步骤。

当潜在的交易机会开始出现时，你必须敏锐地觉察到在这个机会完全出现之前，你的恐惧、不确定和冲动的情绪是什么时候出现的。这就是正念发挥作用的地方。它可以使你认识到情绪的存在，理解它是一种情绪，然后通过集中精神来回到当下，回到你为这个机会寻找关键指标和证据的时刻。

耐心也能让你明白，和市场对抗对你的交易账户是有害的。我在前一章提到的那句老话值得在这里重复一次："市场保持非理性的时间可能会比你保持清醒的时间更长。"随着交易时间的积累，你会适应市场的运作方式。但总会在某些日子里，你还是感觉到你的节奏和价格图表上的节奏不合拍。当这种情况发生时，请认识到你可以在那些日子里选择不交易。

某些时候选择不交易不是一件坏事。如果你每天都抱着市场会给你一笔钱的心态进入市场，你可能会惊讶地发现，市场并不一定要给你任何东西。事实上，市场可能会回应你说，你才是那个给钱的人。在交易日结束时，市场会继续运作，而你会想着刚才到底发生了什么。尽管如此，你还是应该每天设置一个盈利目标，如果你达到了目标（我希望你经常能达到），你必须要有足够的纪律性从电脑前离开，结束这一天的交易。不要承担把你赚到的钱返还给市场的风险。

我在刚开始交易时想要每天进行交易，每天赚到一笔固定数额的钱，毕竟赚钱就是我最初开始交易的原因。但在开发出我的优势之后，我很快意识到，有些时候，我的优势会由于市场环境的原因（并非我自己犯下的错误）而没有体现出来。我也限制自己仅仅在开盘的头三十分钟交易，因为我当时还没有制订出在后面的时段里进行交易的策略。

我每天早上醒来都会忠实地执行我的盘前准备工作，希望可以找到一笔好交易并赚到钱，但生活往往不会那么顺利。有时候我会连续两三天没有交易。这很难熬，非常难熬，但它教会了我要有耐心，因为当我为了交易而强行交易，最终却没有成功时，那种感觉会比我不进行交易或者在一个好的交易机会上没有成功更加难受。

我很快认识到，坚持你的交易手册优势是很重要的，不管这个优势是什么。对当下的觉察能够使你保持耐心，因为你没有专注于你想要发生的事情，而是专注于确定你交易计划的下一步。

## 意识

意识，特别是开盘后的意识，对于阅读市场行为来说很重要。开盘时的成交量非常大，股价像溜溜球一样上下摆动，当天的趋势还没有建立起来。大约一个小时之后，市场方向开始确定。你需要了解整个市场的走势对你观察列表中的股票有什么影响。当然了，日内交易者想要交易那些独立于市场的股票，但是在某些日子或者某几周里，市场本身的作用会盖过大部分的基本面催化剂。

在解读市场和等待机会的时候，你要了解自己的情绪状态。如果你在当天觉得自己有交易的需求，但是在第一笔交易通常会发生的那个时间点过去之后，机会还没有显现出来，你的情绪就会开始占上风。这些情绪会使你做出报复性交易、不按照你的优势交易或者在你的计划之外交易。你要认识到这些想法和情绪是如何影响到你的。你有没有感到不安、不耐烦、生气或沮丧？有这些想法和情绪是正常的，不过你一旦意识到它们，你就能通过专注于当下时刻——并非过去和未来，而是当下你能够做什么——来减轻它们的影响。

同时，你也要注意自己的身体反应。在交易机会开始出现的时候，你的心跳加速了吗？你的呼吸加快了吗？你的手有没有颤抖？你是不是在敲打某样东西？所有这些反应都是正常的，因为它们只是你的身体对不确定性的反应。它们在让你的头脑知道，潜在的亏损正在逼近。（我更喜欢认为这是赚钱的机会！）就像我在本书第二部分讲到的那样，你的头脑对于不确定性的自然反应要么是战斗，要么是逃跑，因为它无法分清真实的威胁和情绪上的威胁。这就是你所学的全部东西发挥作用的时候。你意识到你的头脑想要自然而然地做出哪种反应，你可以控制这种反应，然后将头脑的专注点调整到当下最重要的事情上面——集中精神一步步地执行你具体的交易计划。

## 集中精神

在交易时集中精神非常难，了解到这一点是很重要的。想想看，你要么坐着要么站着，盯着几个不同的屏幕，长时间地等待一个特定模式的出现，不去想当天或者你生活中发生的其他事情。在交易中，我们不应该被干扰。我们的工作是专注于交易机会。这条规则在理论上是正确的，但在实际上，如果你不花时间提升你集中精神的能力，这是一件很难做到的事情。

我们进入市场时都带着赚钱的想法。你看到社群管理员在赚钱，看到交易社群的其他成员在赚钱，只有你在等待着机会出现。你开始精神不集中，开始强求而不是等待机会出现。这会是你交易日里非常难熬的一段时间，尤其是当你没有做的那笔交易成功了的时候，因为你会看着股价往你想要的方向移动，想着你在这个过程中错过了多少盈利。

这种害怕错过的心理会延续到下一笔交易中，你会在某次机会里强求自己的优势，即使这种优势并没有完全显现出来，因为你满脑子都是刚才错过的那笔交易，你当然不想这种情况再次发生。有很多次我在这种情况之下觉得我看到了机会，但在之后记录日志时我才意识到，我当时以为自己看到的机会其实并不存在。但只有在这发生之后，我才意识到那些机会明显不是我要寻找的。

在交易日里很难集中精神的另一个原因在于一心多用。我们的生活都很忙碌。我们有家人、工作、爱好，还有交易之外的其他活动和任务。在开盘后的波动和成交量稳定下来之后，也许你会很难一直集中精神看盘并寻找机会。你很容易被聊天群组、电子邮件、社交媒体和很多你需要关注的事情分心。

对自己和自己能力的了解可以在这个时候派上用场。作为一名新手交易者，为了找到交易机会，你不需要同时连续跟踪许多只股票的价格走势。许多有经验的成功交易者每天早上只会观察两到三只股票。我在开盘的大部分时间里只会观察两只股票，它们都有某种基本面催化剂，与此同时，我也会留意选股器里会出现什么股票。你需要找到最适合你的方法，然后坚持下去。

## 集中精神和专注

你可能还记得我之前讲过，专注是你的兴趣或活动的重心，而集中精神是你集中注意力或集中精力的行为和能力。

你需要理解这个重要的概念，因为如果你的专注点不在正确的事情上面（例如你应该专注于交易过程而非交易结果），你就很难集中精神去做必要的事情。我知道有很多类似于“生存还是毁灭”之类的问题出现，但你要明白专注可以推动精神的集中，这是很重要的。

这就是为什么如果你的专注点不在正确的事情上面，你就会很容易精神不集中。你的头脑是你在交易中最有力的武器，但是如果要在交易中取得成功，你必须要学会怎样使你的头脑专注于正确的事情。

我想分享给你一个关于集中精神的练习，这是我在接受焦虑治疗时，一位医生在身心治疗的过程中告诉我的。你只需要看着图16.1这头粉色大象，然后在你不再想着这头大象时对你自己承认这一点。

**图16.1　粉色大象**

如果你可以诚实地说你完成了这项任务，不再想着这头粉色大象，那么我就要提出异议了，因为大部分人越是努力不去想着这头粉色大象，实际上就会越专注于这头粉色大象。我认为唯一不想着这头粉色大象的方法就是完全专注于另一样东西，但这样的话你就无法告诉自己你不再想着这头粉色大象了，因为这意味着你又会想着不要去想这头漂亮的厚皮动物了。

在我刚接触到这个小练习时，它让我非常沮丧，但它的确帮助我认清了这个事实：试图不去想或者不去做某件事情反而会导致你的头脑更加专注于这件事情。因此你要思考你的头脑在交易时应该专注于什么地方，而不是思考你不应该专注于什么地方，这一点非常重要。

还有一些很常见的关于思考过程的问题会影响着所有交易者，不管他们交易了多长时间。如果你还没有遇到过这些问题，我敢肯定你会在交易生涯的某个时间点遇到它们。你永远也摆脱不了这些想法。相反，你要意识到它们，这样你才能在它们出现时就意识到正在发生什么事，然后让你的头脑重新专注于真正重要的事情。

这些挑战中我最“喜欢”的一个是“这笔交易会……吗？”这种思考过程来自未来思维或者说结果思维，而不是对当下的专注。通常来说，当你的头脑出现这种想法时，你会因为过度分析而导致行动瘫痪。这就是我在之前的章节中所提到的“太过谨慎的交易者”会出现的情况。他们经常担心一笔交易能不能成功，而且经常会说服自己从一笔好的交易中退出来，然后又会说服自己进入一笔不好的交易中，结果他们之前退出来的那笔交易成功了。

另一个挑战是“如果我做了某件事情，结果会怎么样？”这种特殊的思考过程根植于过去。它会导致你对于无法控制的事情变得情绪化。所有类型的交易者都会经常出现这种情况。这是交易者对于他们的交易结果放马后炮的一种方式。当你回顾一笔交易时，你很容易就能说出你应该持仓更久之类的话，因为你在事后看到股价往你想要的方向发展。但实际上在交易的时候，你根本不知道股价会怎样发展。如果你能够达到这样一种境界，你在头脑深处相信在任何交易中你都有99.9%的概率能够赚到更多钱或者亏损更少钱，那么你就根本不会担心事情本来会发展成什么样子。

我们也不要忘记，“如果我当时做了某件事情就好了”这种思考过程也是根植于过去的，但是在这种情况下，你是在责备自己犯下了错误或者没有做出行动。一个简单的事实是，无论你在交易中做了什么，事后看你总能发现自己可以做得更好。如果你专注于自己做得好的地方并且重复这种行为，而不是专注于在你做错的地方责备自己，你就能够取得更大的进步。不要担心你控制不了的事情，相反，你要专注于你能够控制的事情。还要记住，你能够控制的事情就是你对交易计划的执行。

专注于你的技术指标、证据和最重要的——你点击入场按钮的过程。当你专注于正确的事情时，在这个过程中你就会更加容易集中精神，从而使你能够轻松地进行交易。

## 本章重点

- 在交易时保持耐心至关重要。
- 意识，特别是开盘后的意识，对于解读市场行为来说很重要。
- 在交易时集中精神非常难，了解这一点很重要。
- 专注是你的兴趣或活动的重心，而集中精神是你集中注意力或集中精力的行为和能力。

第十七章

# 交易之中的正念

## 保持精神集中

在一笔交易之中保持正念是很难的，特别是在你不相信你的交易计划的时候。当你进入一笔交易中时，你就有了亏损的可能性，你的大脑一开始会将它视为一种不确定性和威胁。所以在入场之后立刻了解你的情绪至关重要，你必须认识到并且准备好肾上腺素和情绪的爆发。

你的头脑渴望短期满足，所以它很想减轻它感受到的任何不确定性。它会立刻创造出图像、想法和记忆来催促你退出这笔交易。你在入场之后要做的是平静下来，了解当下的情绪和想法，评估情况，然后专注于当下。

忽略掉最初出现的那些把你的思绪带到未来或者过去的想法。例如，很多人会经常想到 :“这笔交易不会成功，因为上一笔类似的交易没有成功。”要忽略这种想法，因为它们根植于未来或者过去。你要让你的思维关注当下以及正在发生的事情。

你要思考市场当前的走势和表现，以及市场在当下传递了哪些信息，而不是思考一分钟、两分钟或者五分钟之前发生了什么事情。这个过程和运动员接受的训练很相似。他们被教导要专注于他们需要完成的具体任务，而不是专注于他们在训练结束时得到的结果。

我的女儿在中学时跑110米栏。她的教练告诉她，在发令枪响起，她跨过第一个栏之后，她要做的是将所有的注意力集中到数数上，1、2、3、4、5，跳，然后重复这种计数，直到跨过最后一个栏到达终点线为止。如果她有一秒钟没有专注，想着未来或者过去的跳跃动作，那么她就可能在当下的表现中犯错。这对于交易者来说也是一样的。

作为交易者，你需要提前知道你进入这笔交易之后的计划是什么。这个计划必须非常明确，你要百分之百地相信它，这样当你做出这笔交易之后在情绪涌上来时，你就会认识到并且不去执行你那些负面的想法。相反，你会高度专注于这笔交易的执行，不会想着过往的表现，或者你希望在这笔交易后发生什么事情。拥有一种常规应对方法对你是有帮助的，就像我之前提到的，我发现拥有一句口号确实可以帮助我克服每次进入一笔交易时涌现出来的焦虑情绪。

口号可以是一个词语或词组，它能够改变念诵它的人的思维。它的作用是使注意力集中起来。说到底，它就是被重复念诵的、能够帮助一个人专注于目标的词语或词组。适合某一个人的词语或词组当然不一定适合另一个人。

就像我在第六章中解释的那样，当交易的压力开始超过我应对它的能力的时候，我就会大声重复说出“自律、耐心、公正、勇气”这几个词语，直到我能够控制我的情绪为止。自律就是坚持交易计划，耐心就是在恰当的时机交易，公正就是认识到情绪的影响，勇气就是直面不确定性。我发现这种方法是管用的，它可以把我想要的情绪植入我的脑海，代替那些恐惧的情绪和劝说自己不应该交易的负面想法。这句口号是我先发制人地介入我头脑中的战争的一种方法。作为一名退伍的海军陆战队成员，我宁愿采取攻势，告诉我的头脑我想让它怎样思考，而不是采取防御的措施，被动地把恐惧和不确定性的想法排斥在外。

## 交易日中的独特挑战

有时候你的思维会从当下的时刻溜走，这是可以预料到的，特别是你整天都在交易，而不是只在某个时间段交易的时候。在交易日的每个时间段保持正念都会遇到独特的挑战。

刚开盘时场面会很混乱，成交量很大，股价上下波动的幅度很大，你的系统中会充斥着大量情绪。在你真正亲身经历过这些情况之前，你可能会觉得，当这些情况出现在你屏幕面前时你能很容易地保持专注，但事实并非如此。请记住，你需要在交易中百分之百地专注于思考当下，而不是思考过去或未来。由于价格变动得很快，在开盘时进入一笔交易之后，你可能会很难专注于当下，尤其是对于新手交易者而言。

早盘的晚些时候，通常在开盘的30分钟过后，价格走势平静了一些，开始逐渐稳定下来。如果你在这个时间段交易，你通常会有更多时间对价格走势做出反应。然而，另一种阻碍你专注于当下的情况开始出现，那就是干扰。交易者们会展示他们开盘时的交易，你可能会收到交易伙伴的信息，开始接到一些关心你的朋友的来电，他们以为你已经结束了当天的交易。

到了下午，价格走势会比开盘时平静得多，波动需要更长时间才会发生。这就产生了另一种阻碍你专注的问题。聊天群组里相互探讨的氛围会更加浓厚，交易者在问问题，你已经关注了一段时间，你可能会开始想着你在收盘时应该做什么。在下午的交易时段中，很多事情都会分散你对当下的注意力。你必须制订一种策略，让你在有需要的时候迅速回到当下。当你面前的屏幕很少出现变化或者几乎不会出现令人激动的事情时，你很难长时间保持精神集中。

最后就是收盘阶段。收盘可能会像开盘一样激动人心。在交易日的最后半个小时里，成交量会回升，你有机会做出一些好的交易。与开盘时类似，在收盘时专注于当下似乎很简单，但你总是会关心现在是几点钟，还有多长时间让你完成交易。如果你没有一个可靠的交易计划，这种对未来的思考肯定会影响你的效率。

## 自我评估

在一笔交易中保持精神集中的技能首先来自自我评估。你要分析一下你有没有在保持警觉和遵守交易计划上遇到问题，或者在其他许多技术性方面遇到问题。对你来说，重要的是制订一个标准来评估你在交易执行过程中的表现。这能让你根据某种标准评估你的交易。当你偏离标准时，这就是一个信号，你需要看看原因是什么。当然，如果这是偶尔发生的情况，那可能不是问题，但如果你持续地偏离标准，你就要找出它的根源，然后解决它。一些表明你存在“问题”的常见迹象包括在交易中走神、没能排除干扰和用错快捷键。还有其他的一些迹象，但这些就是你要寻找的问题。

干扰肯定会存在，但交易者往往低估了在交易期间会有多少干扰因素阻碍他们集中精神。我已经提到过，在新冠肺炎疫情期间，许多大人在家工作，孩子在家上网课，你会特别容易被你的配偶、孩子和朋友打断。

我所居住的地方经历过各种活动限制措施，我对此很清楚，我也经常会在交易期间被孩子的家庭作业和家务问题打断。所有人都要适应这一点，因为我也会对正在忙碌的妻子和女儿做出同样的事情。如果你一整天都在交易，而且房子里还有其他人，我建议你制订一些关于在交易时段里怎样交流的明确规则。对于我来说，当我家里的办公室房间的门打开时，她们可以自由进入，但当我关上门时，就意味着我很忙，除非有紧急事件，否则她们不可以打扰我。

同时处理多个任务是让我感到羞愧的另一种干扰，可能因为我之前在军队里待过。同时处理多个任务似乎是完成许多事情的好方法，但事实证明，交易者并不擅长于此。同时处理多个任务会大大降低工作效率，让你更加难以专注于真正重要的细节。如果你喜欢同时交易多只股票，你必须要非常谨慎，特别是在开盘阶段。请记住，像安德鲁·阿齐兹这样的资深交易者已经这样交易了很长时间，并非所有人都有能力在开盘时同时管理两个仓位。

最后，当你反思过去、担忧未来或者因为某种原因而忽视当下时，你就很难保持精神上的专注。有效地管理一笔交易需要排除身体上和心理上的干扰，然后全心全意地专注于当下时刻。这种让思维保持在当下的观念，对于使精神重新专注起来也是至关重要的。专注于当下能够使你保持敏锐的注意力，使你的精神资源百分之百地集中在当下真正重要的细节上面。

## 本章重点

- 你在入场之后要做的是平静下来，了解当下的情绪和想法，评估情况，然后专注于当下。
- 在交易日的每个时间段保持正念都会遇到独特的挑战。
- 交易者往往低估了在交易期间会有多少干扰因素阻碍他们集中精神。

第十八章

# 交易之后的正念

## 情绪上的准备

在退出一笔交易之后保持正念很重要，它能确保你不会在情绪准备好之前就做出下一笔交易。我相信你已经意识到，一笔交易除了“我赚了钱”和“我亏了钱”之外还有很多种结果。你可能在一笔好的交易中亏了钱，或者在一笔不好的交易中赚了钱。根据交易的执行方式，你可能会有很多种不同的感受组合。因此，在两笔交易之间评估你的意识、精神集中程度、专注度和情绪状态至关重要。

## 意　识

在交易之后评估你的意识类似于在盘前评估你的意识，但前者的完成速度肯定要比后者快得多。你基本上是在判断，你刚刚执行的那笔交易的结果对你有没有产生影响，会不会阻碍你进行下一笔交易。有意识地对自己承认这一点很重要。如果你上一笔交易赚了钱，而且你执行得很好，那么就承认这一点，并且提醒自己下一笔交易和上一笔交易无关。如果你上一笔交易亏钱了，且你执行得很差，你同样要这样做。承认你的表现，承认你在哪些地方需要做得更好，并且认识到下一笔交易和你刚才做的交易完全无关。

交易者如果没有意识到他们在完成一笔交易之后的反应，他们很快就会过度交易，不管之前的交易结果如何。当你让你的情绪掌控你的行为时，你的交易账户可能会经历一场灾难。要想解决这个问题，你必须要有意识地承认你有哪些情绪，你对这些情绪的反应是什么。这并不意味着你需要从电脑前离开几个小时（或者甚至几分钟）。相反，一旦你培养出了这种技能，你应该能够在几秒钟之内完成一次完整的意识检查。

## 集中精神

集中精神需要付出努力，这可能会使你精神疲惫，特别是在你已经积极管理一笔交易一段时间的时候。重要的是，在你完成一笔交易之后，你要花点时间问问自己还有没有精力进行下一笔交易。在你完成一笔交易之后休息一下，恢复精力之后再回到交易站，这没有什么不对。

交易需要大量精力，就像锻炼某块肌肉一样。如果不休息，你最终就会筋疲力尽。试着向前伸直你的手臂保持10分钟不放下，如果你做不到，那就试试5分钟。我相信，即使是5分钟也可能会耗尽你的肌肉力量。你的头脑也是一样的。当你处在一笔交易中时，你是在积极地让头脑工作，随着时间的推移，你的头脑就会疲劳。在完成一笔交易后，你就要花时间问问自己，你是否为下一笔交易做好了准备。

## 专　注

如果你不谨慎，你对于想要执行交易的专注程度，可能会超过你在一笔好交易的必要步骤上保持精神集中的能力。正如我之前所说的，专注和集中精神密切相关。专注是你的愿望，而集中精神需要精力来实施。当你衡量你的专注能力时，首先要问问自己，你还想不想再做一次交易。

根据当天的目标，你可能会在一次或者两次交易之后发现，你不再有交易的欲望了。另外，如果你遭遇了连续的亏损，你可能会结束这一天的交易，因为你的数据会告诉你，把钱赚回来的概率不会超过某个数值。我给自己制订了一条规则：如果我经历了连续的亏损，我就要结束当天的交易。但我不会因为我当天表现不好而惩罚自己，而是会因为自己坚持了这条规则而奖励自己——我会走出房间做一些我喜欢做的事情，例如花时间陪伴家人、去沙滩或公园。我发现，如果我的专注点不在交易上，或者我没有交易的欲望，那么交易结果通常都不会如我所愿，所以我宁愿去做我喜欢的事情。

## 情绪状态

你的情绪状态是自我评估中非常重要的一部分。我在下面给出了一个图表，帮助你评估你的情绪状态。如果你发现自己处于图18.1中的**"沮丧"**一栏，即当你感到烦躁、愤怒或者生气时，表明你是时候需要休息一下了。当你处在这种情绪状态中时，你的交易不会有好的结果。你最好休息一下，或者可以跑跑步（我就是这样做的），释放一些沮丧感，然后再回来，或者等到第二天再回来继续交易。这种类型的情绪会导致你"胡乱交易"或者进行"报复性交易"，导致你的交易账户大规模缩水，有可能会在短短几秒钟之内抹去你在过去一周、一个月甚至一个季度所做的努力。

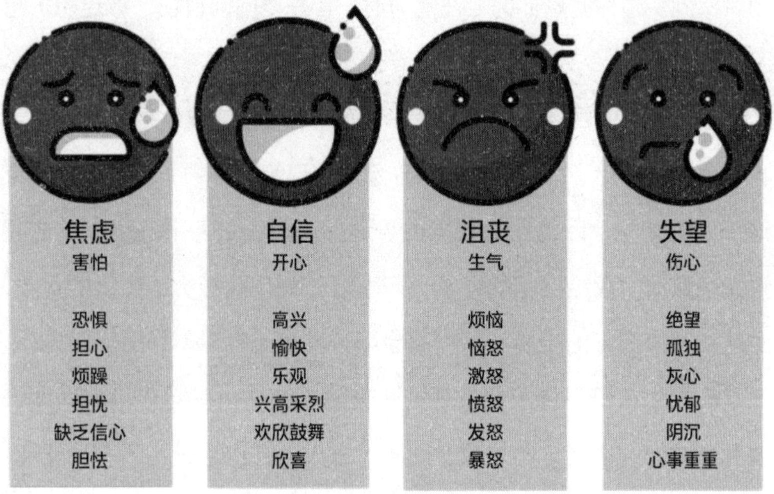


**图18.1 情绪反应图表**

另外，你要注意你是否处于图18.1中的**"自信"**一栏，因为过度自信会导致你放松对交易规则的遵守，因为你感到兴奋，你打心底里"知道"你所做的所有交易都会成功。当你进入这种状态时，你更有可能违反止损计划，因为你感觉价格会掉头往你想要的方向发展，就像前面的一连串交易一样。

不管你处在哪一栏，了解并承认你的感觉都是很重要的。而且，如果你试图把情绪藏在心里，不让它们表达出来，那么在你最终允许它们表达出来时，你的反应只会更糟。如果你感到生气，那就承认你很生气，让自己把生气的情绪表达出来，然后回到平常状态中，并判断你是否为下一笔交易做好了准备。如果你憋在心里，拒绝承认和表达你的情绪，那么下一件令你生气的事情只会加重你的反应，当你最终表达出这种情绪的时候，你将无法控制你的行为。

在你评估完所有方面，并且准备好进行下一笔交易时，你需要再次重复整个过程。这是个无休止的循环，每个交易日都要重复。你需要在收盘时进行一次和你在完成一笔交易后所做的同样的评估，只不过，你要从整个交易日的角度评估你的正念，而不是专注于某一笔特定的交易。

## 本章重点

- 在退出一笔交易之后保持正念很重要，它能确保你不会在情绪准备好之前就做出下一笔交易。这其中包括评估你的意识、精神集中程度、专注度和情绪状态。

PART 5

第五部分

# 通过提高心理弹性保护心理

第十九章

# 情绪资本

什么是情绪资本，它在你的交易中扮演着怎样的角色？

如果你还不了解，那就让我来告诉你：你的情绪是影响你交易表现的一个主要因素。当一笔交易成功时，你会感觉很棒，你的信心也会建立起来。当一笔交易不顺利时，你会感到失望，产生负面情绪。就像你的交易资本会在一个交易日里涨跌一样，你的情绪资本也会如此。

## 情绪资本的定义

不管你是否把你的交易活动视为一项事业（我自己是这样看待的），你实际上就是你券商账户的唯一所有人。但这并非你仅有的账户。在你交易时，你还在维持一个情绪资本账户。你对这项事业的感受、看法、价值观、信念和你券商账户里的钱同样重要，理解这一点很重要。

因此，就你的交易事业而言，情绪资本可以被定义为你对于执行交易计划的心理上的信心。

我在第十一章列出了安德鲁·阿齐兹在他的《如何以日内交易为生》一书中提到的“日内交易规则”。我把规则2放进了图19.1中，这条规则值得在这里重复一遍：“日内交易并不容易。它是一项严肃的事业，你应该认真对待它。”你自己就是这份事业，如前所述，在你的这份事业中，你需要管理两种不同类型的资本账户。第一种是你在券商的交易资本账户。也许你非常了解它的余额。你肯定会在早上检查它，然后在收盘时再查看一次（也许在交易日期间也会检查）。你甚至可能会在晚上再查看一次，看看券商收取的佣金是否正确。在交易资本账户余额起起落落时，这种对细节的关注是很重要的，但你的情绪资本对你的事业同样重要。

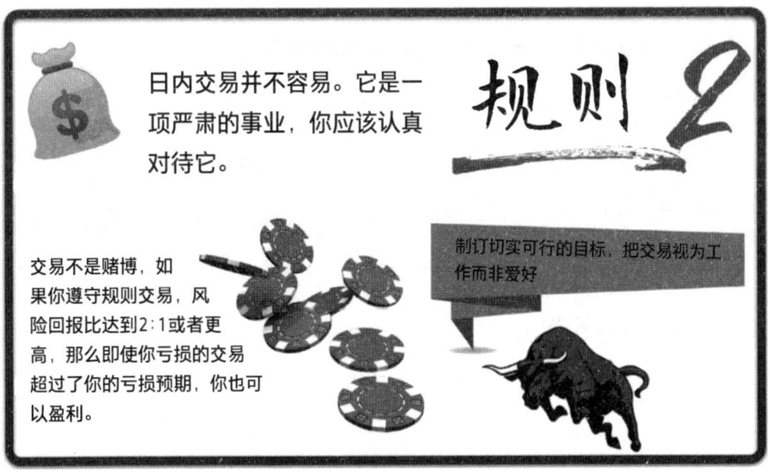


**图19.1 《如何以日内交易为生》中的规则2**

你的情绪资本有多重要？我认为你的情绪资本甚至比你的交易资本更加重要。例如，假设你在某一天亏损了交易资本的8%。从财务上看，这造成了损失，但你只需要向账户存入一笔资金，就能使账户恢复过来。非常简单！

现在想想你的情绪资本账户。想想遗憾的感觉、没能实现目标的挫败感、信心的下降、气愤的感觉和对你能够在交易中取得成功的信念的打击。8%的亏损确实能极大地打击你的心理。你的情绪资本账户和你的交易资本账户类似，你只能取出你存进去的份额。主要的区别在于，你需要更多努力来恢复你的情绪资本。要做到这一点极其困难，因为你不能在接下来的一两笔交易中就使情绪资本恢复过来。你需要时间来重建你的自尊、心态和信心（也就是你对自己的信念），回到实现既定目标的轨道上来。这四点是你情绪资本的核心所在。每一点都会影响到情绪资本每天的增加和减少。

- **自尊**。自尊是你对自己价值和能力的信心。它是一种对你的表现的主观评价。它在交易中很重要，因为交易者有时候会倾向于把自己和周围的人进行比较。你必须记住，大多数交易者只愿意分享他们成功的交易，他们会自然而然地想要避免分享自己糟糕的交易，因为那样做是令人尴尬的，会导致自尊心受损。

- **心态**。心态是你在交易中表达自己观念的方式。本质上，它是基于你对过去经历的感受。你对过去发生的事情的应对方式，会反过来影响你在当下交易时的想法和行为。

- **信心/自信**。它是你对自己执行交易计划能力的信心。如果你不相信自己的交易计划，那么当你遇到一笔不顺利的交易时，你就会开始寻找合理的理由来试图解释你的交易计划为什么没有奏效。这个寻找的过程很可能会减少你的情绪资本，因为它会使你担心下一笔交易也不会奏效。另外，如果你对自己的交易计划充满信心，你就不会担心计划中的每一个细节。相反，你会专注于执行计划。这样能够增加你的情绪资本，即使遭受损失也是一样，因为假如你正确执行了交易计划却没有成功，你就会知道市场在那个时候就是不想让你赚钱，但你仍然会相信你的交易计划在未来能够产生你想要的结果。

- **目标**。实现目标可以大大增加你的情绪资本，但不要忘记，无法实现目标也会大大减少你的情绪资本，并因此对你产生巨大影响。因此，你设定的目标必须是具体的、可衡量的、可实现的、有意义的和有时限的（我们将在第二十一章讨论“SMART”目标的概念）。这能使你设置一些在交易生涯早期有可能实现的切实的目标。

关于情绪资本最糟糕的一点是，你必须自己去了解它。你是唯一能够掌控自己情绪资本账户的人。没有其他人能够审查其中的错误和错误的交易。

## 充值和提取

让我们对比一下交易资本账户余额和情绪资本账户余额的运作方式。当你开立你的交易账户时，你需要通过券商存入一笔资金，这样你就能够参与市场交易了。你可以根据自己的情况存入数额不等的资金，但我建议你一开始的资金不要低于5000美元。这并不意味着你一定要从这个金额开始进行你的风险评估，它只是让你有足够的购买力好在市场上进行有效的交易。要做到这一点，你要联系银行，让银行把你的资金从银行账户转到券商账户。券商收到资金并且记入你的账户之后，你就可以在市场上交易了。

你的情绪账户则不太一样。它一开始的余额是零。你的确拥有一些信心和自尊，根据模拟盘的表现，你相信自己能够成功，但老实说，你真的不知道你会在实盘交易里做出什么反应。最初几笔实盘交易将决定你是会向你的情绪账户中存入资本还是提取资本。在开好交易账户准备实盘交易时，我建议你先在市场上试一试，做一笔小规模的交易，看看你会有怎样的感受。然后你可以回到模拟盘里，评估你在情绪上的差异，这样当你完全过渡到实盘交易时，你就会准备得更加充分。

我想告诉你，不管你做了多少准备，你都会在第一笔实盘交易时遇到很大的情绪波动。你会在交易前感到紧张，想着你会有怎样的感觉，如果某件事情发生了你要怎么做，你要怎样控制自己等。我会将它比作我在2003年穿过科威特和伊拉克边境的时候。我为这项任务训练了很多年，我对自己有信心，但我还是不知道我在激烈的战场上执行任务时该如何应对。我能做的一切就是提前做好准备，这样我就能在那个时候根据训练内容做出反应并执行。这跟我第一次交易非常相似。我对自己有信心，我知道自己在做什么。我在模拟盘里交易了5个月，连续20个交易日都没有违反止损计划，我采取了所有必要的风险控制措施，使我在重要的交易日里不会造成账户金额1%以上的亏损。但我还是很紧张，担心自己不能执行好交易计划。在做完第一笔实盘交易后，我知道我是严格按照练习时的方式行动的。交易很完美吗？不，它并不完美，我还有很多东西要学，但经过这笔交易，我的情绪资本大大增加了，因为它让我看到，我可以在实盘交易时拿出在模拟交易时类似的表现。这份信心使我在这笔交易之后觉得，我可以实现自己成为一名成功的全职交易者的目标。

还有哪些事情可以增加你在这些账户里的资本？在你的交易资本账户里，你需要成功的交易和存入更多的资金。在你的情绪资本账户里，增加余额的过程没有那么简单。在阅读完本书的这一章后，你可能会想，怎样才能最好地跟踪你的情绪资本。你必须要在这个问题上做出决定。我知道有些交易者会在每笔交易之后根据他们的情绪给自己打分。就我个人而言，我会对每笔交易从选股到退出交易的各个方面进行评分，这能让我跟踪自己在交易之前、交易之中和交易之后的心理。我会从“非常糟糕”到“非常棒”之间进行评价，“非常糟糕”的分值是-2分，“非常棒”的分值是+2分。然后我会把这些分值加起来，算出我当天一共增加或减少了多少情绪资本。我会保持这种评价方式，把这些分值累计起来，看看随着时间的推移，我的情绪资本在增加还是在减少。通过这种方法，我将交易中的这个主观指标变成了我可以客观衡量的指标。

执行良好的入场、止损和止盈都可以视为对你的情绪资本账户的补充，同样的情况还有确保入场前有不错的风险回报比，根据你的指标和证据执行交易计划，而不是仅仅为了交易而交易。你也可以将交易的心理部分考虑在内。你的专注、信心、焦虑、纪律、勇气和耐心如何？你有没有坚持你的规则？关于情绪账户的补充，你要寻找你在交易中做得好的，有助于你实现目标，并且能够提升你的自尊、心态和信心的事情。你可以创造性地考虑什么是充值，但你必须要明确界定它的标准。

关于在这些账户中提取资本，你的券商交易账户的资本显然会随着每笔亏损交易和每次因为生活费用或者其他原因取出资金而减少。虽然从交易账户中取出资金会减少你的交易资本，但你可以从第二十章了解到，有时候从交易账户中取出资金可以增加你的情绪资本。你也要非常诚实地面对我所谓的“隐藏的”亏损交易，它们是你想要忽略、不想面对的亏损交易。它们可能是你在运用快捷键时出现的小错误，你想要忘记或者不承认它们，也可能是你在“胡乱交易”、不按照常规交易的那几天里犯下的错误。你通常会决定不记录这些类型的亏损交易，只将它们归结为糟糕的一天。尽管你可以通过某种方法从情绪账户里隐藏这些交易，但它们还是会减少你的交易账户资本。

根据你的性格，情绪资本的减少有多种不同的情况。在错过一笔成功的交易之后做出一笔失败的交易，你的情绪资本就会减少。我很了解这种感受，你可能也了解。人们总是会有这样的想法：“我做出的交易没有成功，而我没有做出的交易似乎总能成功。”然后你会做出糟糕的交易设置，这些设置几乎每次都会导致失败的结果。

同时也不要忘记你因为快捷键错误、心理失常或者违反规则而做出的糟糕交易。还有一些不可避免的想法，例如，“本来会”“可能会”“应该会”“如果……的话我的表现会好很多”。你的表现当然会好很多，因为在大部分成功的交易里，你总是有机会赚到更多的钱。

但在现实中，在那个紧张的时刻，你不知道你输入的交易会不会成功，会不会朝着你想要的方向发展。作为一名合格的交易者，你能做的只有高度专注于当下，有条不紊地执行你的计划。专注于本来可以做到的事情只会使你更加沮丧，你需要专注于实际发生的事情，让你的头脑对你的交易风格更加自信。

情绪资本的减少通常会留下伤疤。有时候这些伤口和伤疤很小，很容易被忘记；但有时候它们会很大，你需要一段时间才能复原。这些就是进入你脑海中挥之不去的那些问题，它们使你产生自我怀疑，丧失自信，导致你不自觉地犯下代价高昂的错误来破坏自己的行动。它们会给你带来心理创伤，使你陷入一个可怕的循环中，只要你刚开始恢复，你就会再次犯下同样的错误，然后你又要进行反击。

这个循环会对你的情绪资本账户造成可怕的损害，会通过大起大落的方式反映在你的交易资本账户的权益曲线上。我想让你注意这一点，因为无论如何你都要保护你的情绪资本。虽然补充你的交易资本会简单一些，但你很快会发现，补充你的情绪资本需要付出艰苦的努力，而且只能以小幅度的增量来完成。

## 本章重点

- 每个散户交易者都有两个账户：交易资本账户和情绪资本账户。
- 自尊、心态、信心/自信、目标是你情绪资本的核心所在。

- 你交易事业中的情绪资本可以被定义为你对于自己执行交易计划的心理上的信心。
- 情绪资本的减少通常会留下伤疤。

第二十章

# 保护你的情绪资本

## 心理弹性和心理韧性

要保护你的情绪资本，首先要了解心理弹性和心理韧性的关系。

弹性通常和一个人从某种情况中复原的能力有关。令人惊讶的是，这个术语是从工程行业那里借用过来的，它在一定程度上指的是一种物质或物体恢复形状的能力。当你在“弹性”前面加上“心理”这个词时，你就得到了一个心理学术语。

你在交易中的心理弹性有多强？有些交易者的心理弹性非常强。当交易不顺利时，他们会觉得没什么，他们已经为下一笔交易做好了准备。其他交易者会觉得在亏损之后很难做出一笔有效的交易。还有一些交易者会因为缺乏信心而不知所措，难以应对挑战。这就是日内交易失败率很高的原因。不过，如果你觉得你现在的心理弹性不足，你也不用害怕，因为这是一种可以通过练习、努力和纪律来培养的品质。交易的独特之处在于，你每天都会受到考验。当你站在或者坐在电脑前面时，你肯定会亏损和犯错，把钱留在市场上。这是你可能的表现和实际的表现之间的差距。

这些挑战的积极一面在于，每次你遇到这些挑战，你都有机会重整旗鼓并且以更加强大的姿态回归。就像你通过去健身房锻炼肌肉一样，你可以通过养成积极的习惯和抛弃对你不利的坏习惯来培养你的心理弹性。心理弹性使你有更大的能力承担风险、尝试新事物、应对你在市场上遇到的困难。不过，要提高你的心理弹性，你必须将它视为头等大事。就像你必须放弃垃圾食品才能锻炼好肌肉一样，你必须抛弃掉一些坏习惯，像是因为没有赚到足够的钱而沮丧这样的习惯。请记住，在大部分成功的交易中，你总是有机会赚到更多的钱。所以不要为了你没有赚到的钱而烦恼。相反，你要专注于通过你集中精神正确执行你的交易计划而得到的利润。

心理弹性指的是复原的能力，而心理韧性则是指你在逆境中保持坚强的能力。它是你在遇到困难时保持专注和决心的能力。对于交易者来说，即使你的头脑在罗列各种不同的理由来说明你的决定是错误的，心理韧性也能够使你在交易中坚持你的交易计划。心理弹性是你在交易结束后复原的能力。心理坚强的人会把挑战看成机遇而不是威胁，他们选择以乐观的态度面对逆境，相信它们能够被克服。

要成为一名成功的交易者，你需要培养你的心理韧性，这样你才能应对在交易中不可避免的不确定性的情绪。与此同时，你也要通过心理弹性保护你的情绪资本，它能让你应对你在交易中的表现所造成的任何后果。每天早上开盘前，我都喜欢对自己说："战斗本身就是奖励。"这能帮助我将注意力集中于过程而非结果，因为无论我做什么，我都无法控制结果，但我能够控制我每次交易时的表现。

## 压力、痛苦和良性压力

我们的社会在大部分情况下都认为压力是不好的，我们应该尽量避免压力。然而，在你的生活里，有哪一天是完全没有压力的？可能没有。交易也一样。作为一名交易者，在你的头脑感受到不确定性的那一刻，你就会开始感受到压力，并出现心率加快和呼吸急促等表现。如果你无法控制这些反应，你的压力就会变成痛苦。

从理论上说，压力可以被定义为在面对不利或非常困难的处境时精神和情绪上的紧张状态。痛苦是对压力的负面反应，它是因为无法应对太多的要求、亏损和感知到的威胁。你不觉得这听起来像是我们交易者会经历的情况吗？我们可能会不知所措，我们肯定要应对亏损，而我们每次在考虑做交易时都会感受到亏损的威胁。

这就是压力消极的一面。但压力也有积极的一面。你之前有听说过“良性压力”（eustress）这个词吗？

良性压力是一种中等或正常的心理压力，对体验者是有益的。不管你相不相信，有一种压力能够使你发挥出你的最佳状态。它起源于刻在我们每个人身上的“战斗或者逃跑”的反应。你的身体在感受到威胁时会激动起来。你会变得更加专注，更有动力，精力更加充沛。这是一种兴奋的感觉，它会提升你的表现。

你可以从图20.1看出，压力太小和压力太大对你的交易同样危险。如果你感到无聊，很难集中注意力，你就无法以最佳状态交易。

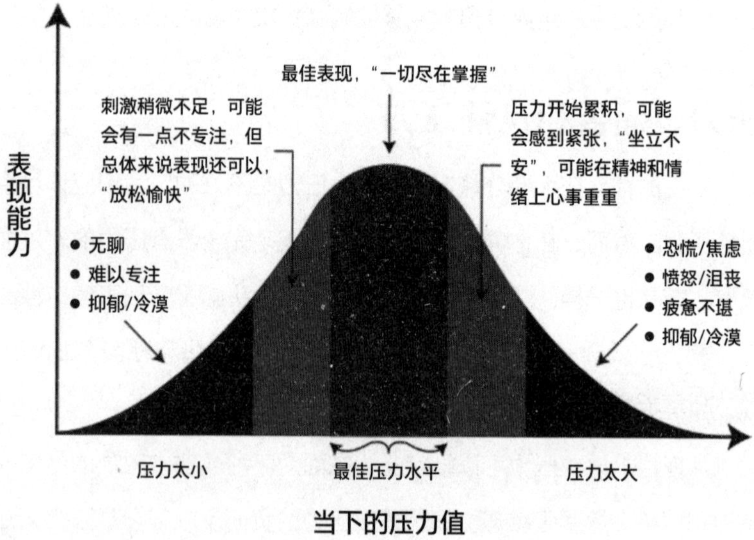


**图20.1　最佳压力曲线**

另外，如果你感到焦虑、愤怒、沮丧或者无助，你也无法以最佳状态交易。

交易的关键在于你要制订你的计划，这样在进行交易时，你的压力值就会提升到一个水平，能让你精神集中、专注、兴奋，但又不至于让你感到焦虑和沮丧。这种“最佳表现”就是马克·道格拉斯所说的“进入状态”：你的情绪状态很好，你对市场的解读很到位，你几乎毫不费力地执行了你精心制订的交易计划，时机也很完美。但正如你已经知道或者可能经历过的那样，你无法永远处在这种最佳状态当中。

我们都想在交易中取得成功，但交易并不适合所有人。这是一个艰难的职业，你每天都要受到精神上的挑战。你需要有心理弹性和心理韧性，才能面对你的恐惧和人际关系间的险恶。你进行有效交易的能力归根结底取决于你的情绪能力。保护你的情绪资本至关重要。你要采取适当的防御和保护措施，并播下积极性的种子，为接下来肯定会出现的混乱做好准备。你不想像谚语中被车头灯照射的鹿一样不知所措。那么接下来的问题自然就是：这些防御、保护措施和积极性的种子是什么？

## 防御、保护措施和积极性的种子

拥有对交易事业的规划是很重要的。这份规划是你对未来两到五年目标的一个前瞻性、全方位的展望。它不关注你的日常工作，而是关注你长期的追求和目标。当你遇到日内交易的逆境、沮丧和压力时，你会想要回顾这份规划。我的交易事业规划有以下几个方面：愿景、任务描述、时间表、SWOT分析、工具和服务、教育计划、交易手册优势开发（图20.2中的“日志”部分）、交易规则、交易目标、行动计划，以及最重要的交易计划。这并不意味着你的交易事业规划需要包含所有这些方面，或者你不能够再加上其他的一些方面，这只是我的交易事业规划和对我有效的方法。反思这些方面帮助我度过了交易的起起落落，让我能够专注于我的长期目标。在你开始实盘交易之前，我建议你制订出类似的规划，作为以后的参照物，因为在两三个月的实盘交易之后，当你回过头来查看这份规划时，你肯定会惊讶地发现，你实际上取得的进步比你在日常交易中感受到的进步要大得多。图20.2就是牛熊交易者的日内交易事业规划表。

如果这张图片看不清，你可以通过以下链接查看：https://bearbulltraders.com/go/day-trading-business-plan/

**图20.2　牛熊交易者的日内交易事业规划表**

正如刚才提到的那样，你需要在你的交易事业规划里包含交易计划。你的交易计划要以你的心理韧性为中心。当你的情绪无比高涨时，它能帮助你完成交易。你应该在盘后情绪平静下来时制订你的交易计划。交易计划包含了资金和风险管理计划、交易的策略和模式，以及交易管理规则。你的交易计划不仅让你有能力在满足特定标准时采取行动，也能让你直面恐惧和不确定性，喊出接受挑战的宣言，向你的目标迈进。

## 规　则

你还必须以书面的形式将你的交易规则写下来。你的规则是用来保护自己的武器。它们不仅能够保护你的交易资本，还能保护你的情绪资本。例如，让我们看看这一条规则，我相信所有人都有这条规则，不管它有没有被写下来："当价格到达我事先设定的止损点时，我就要退出交易。"

当然，交易不顺利的感觉并不好。你做了那么多的交易准备工作，到头来却没有收获。但你要认识到，在设定好的止损点离场相当于很好地执行了你的计划，这绝不应该被视为一个错误的举动。它是积极的！你为下一笔交易保存了资金。从情绪资本的角度来看，你可以关注这笔交易对交易资本的影响，并让它影响你对自己价值的看法，或者你可以将这笔交易看作对既定计划的成功执行，理解你会在未来某个时候通过一笔成功的交易弥补这笔交易的亏损。这没有什么大不了的。

但是，当你的亏损超过了你设定的最大亏损时，这就成为一个大问题，因为你是在拿情绪账户里的资本冒险，希望你控制不了的市场能够补充你交易账户的资本。唯一的问题是，即使市场真的补充了你交易账户的资本，它也不会补充你从情绪账户里提取的资本。事实上，与你坚持交易计划得到的成功相比，你很可能会感到极度失意。

你的规则要能够建立和加强你的心理弹性和心理韧性。当你违反规则时，你的交易账户和情绪账户会受到损害。然而，你从这些损害中复原过来的弹性将会决定你能否成为一名成功的交易者。

首先是日内交易这个职业的挑战。这是你面临的最大挑战之一，因为日内交易看上去很简单，但实际上以此谋生并不简单。你的渴望程度会成为你实现这一结果的驱动力。你如何看待你面临的挑战是很重要的，每个人的看法都有所不同。你可以积极地看待这些经历，并且真心相信这些挑战是你成长的机会，这将取决于你面对心魔时花费了多少情绪资本。

现在请你花点时间想想你在过去至少经历过两次的压力时刻。想想你第一次遇到这种情况的时候，当时你的压力水平有多高？你是如何应对的？再想想你第二次遇到同样的情况时，你应对起来是否比第一次更加简单？我敢说是的。生活中几乎所有的挑战和压力都是如此。在你经历过一次之后，你对压力的承受能力就不会保持原样，它会有所提高，这意味着你的容忍度会比之前高一些。现在你能够比第一次遇到这种情况时能承受更多。

接着这件事情对于交易者来说可能会很难，就是在不使你感到痛苦的情况下增加你的风险。从理论上说，冒着5美元的风险和冒着100美元的风险有什么区别吗？在技术层面上没有区别，但在心理层面上有很大的区别。当你开始考虑增加风险时，请记住你是掌控者。你控制着金额和你的情绪。即使你只多冒了1美元的风险，也会超出你平常的舒适圈，你的头脑会认为这是一种威胁，并做出相应的反应。当你第一次增加你的风险水平时，你顺利执行交易的难度似乎总是会高一些。因此，我总是建议我们的交易者逐步扩大风险规模。当你决定增加风险时，你也必须确定你能否在这个新的风险水平上控制你的交易。

最后就是连续亏损的不幸情况。在交易中连续亏损就像在棒球运动中陷入击球低迷期一样令人沮丧。感觉无论做什么都没有用。这是一种可怕的感觉，因为你每次根据自己的优势进行交易却得到负面的结果时，你对接下来的交易设置的信心就会降低。你再次尝试，却再次失败。连续亏损会严重消耗你的情绪资本，因为即使你最后成功了，你也无法恢复你失去的信心。重新建立信心是一个缓慢的过程。但不要忘记，无论你多么努力地保护你的情绪资本，它都会在某个时候遭到打击。

## 本章重点

- 要保护你的情绪资本，首先要了解心理弹性和心理韧性的关系。
- 心理弹性指的是复原的能力。心理韧性是指你在面对逆境时保持坚强的能力。

- 痛苦是对压力的负面反应。
- 良性压力是一种中等或正常的心理压力，对经历者是有益的。
- 作为散户交易者，你需要一份交易事业规划和一份交易计划。
- 你制订规则的目的是建立和加强你的心理弹性和心理韧性。

第二十一章

# 补充你的情绪资本

## 秘诀在于目标

不管你的情绪资本何时遭到打击，你都要进行补充。补充情绪资本的秘诀就是目标。目标是幸福的关键因素之一。《人格与社会心理学杂志》上的一篇文章指出，拥有和你兴趣相一致的个人目标能增加你的幸福感。也就是说，你的目标会使你幸福。不管你处在交易生涯的哪个阶段，你肯定都在为某样东西而奋斗。也许你想在下个月底前达到盈亏平衡，或者想在未来的某一天实现财务独立，得以通过交易养活自己。无论你的目标是什么，重要的是要知道设定目标和不断靠近目标能够使你更加幸福，对生活更加满意。

你可能想知道，你的目标如何与你的心理弹性相互作用，它们又如何补充你的情绪资本？明确的目标可以增加你的幸福感，因为它们能帮助你提高热情，找到你的新的优势，这反过来能提升你应对更大更困难的目标时的信心，使你能够以积极的心态面对新的情况和新的挑战。

无论你正在努力达成什么目标，你离实现目标有多远，这个目标都会使你产生积极或消极的情绪。因此，先设定容易实现的短期目标有助于保持积极的情绪。我的体会是，拥有“SMART”目标并努力实现它们可以产生幸福感。你会发现，当你达到你的目标时，你会感到更加幸福和自豪，这将有助于培养你的心理弹性。

正如在第十九章里简单提到的，“SMART”这个缩写代表了具体的（specific）、可衡量的（measurable）、可实现的（achievable）、有意义的（relevant）和有时限的（time-bound）。

**具体的**。你的目标需要是明确而具体的，不然你就无法专注于努力实现它们，也无法真正有动力去实现它们。要确保你设定的每个目标都有你想要实现的具体内容，一个很好的方法是使用五个“W”。（请原谅我在这里修改了五个“W”。我有意把“何时”改成了“哪些”。）我想实现**什么（what）**目标？**为什么（why）**它对我很重要？实现这个目标需要**谁（who）**参与？我要有**怎样（how）**的状态才能有最大的概率取得成功？我拥有**哪些（which）**资源和限制？

我建议你避免设置那些以金钱等结果为导向的目标。我知道你也许会对此感到奇怪，但是通过用过程思维来限定你的目标，你就能够开始以概率的方式思考。对于我来说，我最初的一个目标是在一天之内正确执行多只股票的进场操作。请注意，这个目标的重点在于进场过程，而不是每天赚到多少钱。

**可衡量的**。你要确保你能够衡量你的目标。特别是你想要实现的关于交易心理的目标，其中有些目标非常抽象，不一定是可衡量的。虽然它们的主观性很强，但我发现，我可以给我每个目标的不同方面评分，从而使我能够衡量那些一般而言很难量化的问题。我在第十九章给出了一个例子，在那里我解释了我是如何对每笔交易从选股到退出交易的各个方面进行评分的，这能让我跟踪自己在交易之前、交易之中和交易之后的心理。我会从“非常糟糕”到“非常棒”之间进行评价，“非常糟糕”的分值是-2分，“非常棒”的分值是+2分。然后我会把这些分值加起来，算出我当天一共增加或减少了多少情绪资本。

通过定期评估你的进步和成长，你可以保持专注，遵守期限，在你接近实现每个目标时感到兴奋。在制订目标时你要确保问自己，你实现目标的标准是什么。如果你能够回答这个问题，那么你很可能已经制订了一个可以衡量的目标。

**可实现的**。要确保你的目标是切实可行且能够实现的，这是不言而喻的。没有什么比一个月又一个月地错过你的目标更令人沮丧的了。再说一次，在制订交易目标时关注交易的金钱方面是危险的，因为它会使你的头脑不自觉地以结果为导向。正如我之前说过的，这会使你在刚开始交易时遇到严重的问题。请记住，当你设定一些以金钱为导向的目标时，例如“我每天要赚50美元”，你就是忘记了其他人（在这个例子中其他人即市场）有能力阻止你实现目标。你希望让你的目标处在自己的掌控范围之内，而不是取决于其他人。

**有意义的**。你的目标一定要对你有意义，一定要和你生活中其他有意义的目标相一致。你在实现交易目标的过程中需要支持和帮助。如果你已经结婚或者有伴侣，我强烈鼓励你跟他们聊聊你想成为交易者的抱负。他们可能不了解成为交易者需要付出什么，但他们十分关心你，并会在你学习交易的过程中不可避免地遇到困难时支持你。毕竟，你会在这个过程中遇到一些可怕的心魔，最能够支持你的人就是对你很重要的家人和朋友。要确定一个目标有意义，你要能够在以下这类问题上给出肯定的答案：这个目标看上去有没有价值？现在是合适的时机吗？它能够补充我的伴侣和我所拥有的其他目标吗？我是实现这个目标的正确人选吗？它在当前的社会经济环境里是否合适？

**有时限的**。每个目标都要有一个目标日期，这样你就能专注于在期限之内完成目标并有一个努力的方向。截止日期有助于避免你将每天的任务看得比长期目标更重要。说到这里，我的一个告诫是，你不应该试图控制你学习交易过程的时长，因为每个人都有不同的问题和生活环境。一位交易者可能只需要六个月完成整个学习过程，但另一位交易者可能需要一年，或者有的交易者需要花费五年才能完成。

但你必须要小心。如果你没有达到你的目标，你就更有可能产生愤怒、沮丧、失望等负面情绪。这就是为什么制订切实可行的目标很重要。不管你需要多长时间完成学习过程，至关重要的是你都要定期评估你的进展。不要浪费时间和精力去关注你还有多少事情要做。通过这种方式看待你的目标时间表将有助于你在学习交易的困难过程中保持积极的心态。

不管目标是大是小，每当你实现一个目标，你的多巴胺水平都可能会激增。你的心情、信心和自尊会趋于改善，这些都有助于你补充情绪资本。你会感到有动力继续前进，向着你想要的结果不断靠近。清楚地知道你想要什么、你要去哪里、你要做哪些不同的事情，它们可以确保你不会感到迷茫和停滞。

上面的内容从理论上听起来很美妙，但现在我要告诉你你可能会经历些什么。日内交易是一项日复一日的苦差事，尽管它很有趣，但它仍然是苦差事。你醒来，做盘前准备工作，做几笔交易，赚了或亏了一些钱，记录你当天的交易日志，然后继续你当天余下时间的生活，然后你去睡觉。第二天醒来，再做同样的事情。这种经历和我在军舰上服役时是一样的。我醒来，去开会，就餐，锻炼，就餐，上课，就餐，锻炼，打牌，睡觉。第二天我再次醒来，开会，就餐，锻炼，就餐，上课，就餐，锻炼，打牌，睡觉。日复一日，每天的安排都是一样的。当你的生活变成这样时，会很容易忘记更大的图景，忘记你为什么要做这些事情。

同样，在交易中也会很容易因为太过专注于日常表现，而忘记了你在过去一周、一个月和一年里的经历和取得的进步。因此，经常从日常工作中抽身出来看看更大的图景是很重要的。你在分析股票时已经这样做了，但你也要确保在给自己制订目标时也这样做。为什么？因为这样做能够帮助你补充你的情绪资本。对我来说，在我第一年交易之后，在我做盘前准备工作时，我会快速查看一下我在一年前的当天做了哪些交易，是怎样进行交易的。如果你想感觉良好，你可以回顾一下自己在一年前所做的每一笔交易，然后说说你现在是否成了一名更好的交易者。这样做绝对有助于我了解自己进步了多少。即使我还没有达到那个我想要成为的自己，但每天早上开盘前我都会肯定自己说：我正在取得有意义的进展。

我坚信，在这个行业中，你不能通过你想要成为什么样子来评价自己，你必须通过你进步了多少来评价自己。与其评估你在头六个月里是否成了一名盈利的交易者，不如回顾你在上个月或者上两个月的交易，看看你取得了多大的进步。你可能会惊讶地发现，当你沉浸在日常艰苦的工作中时，你忽视了自己的进步，但当你在两个月后回头看看今天时，你会很清楚地发现你在入场、止损、避免报复性交易以及其他的交易行为上有了多大的进步。

一旦你意识到这一点，你就会惊讶地发现存入你情绪账户的资本有多大，以及有多么重要。我现在发自内心地认识到，这些资本对于作为交易者的你来说要比单纯地再做出一笔成功的交易要重要得多。

## 本章重点

- 拥有和你兴趣相一致的个人目标会增加你的幸福感。
- 明确的目标可以增加你的幸福感，因为它们能帮助你提高热情，找到你新的优势，这反过来能提升你应对更大更困难的目标时的信心，使你能够以积极的心态面对新的情况和新的挑战。
- 先设定容易实现的短期目标有助于保持积极的情绪。

PART 6

第六部分

# 交易者的健康生活方式

第二十二章

# 饮食、锻炼和睡眠

本书的最后两章内容可以用几条简单明了的规则加以概括，没有多少人会反对这些规则。吃健康的食品、喝健康的饮品、锻炼、晚上睡个好觉，以及和志趣相投的人交往，这些都会让你的表现变得更好。规则就是这些，它们在理论上很简单，但在实践上要困难得多，因为我们都喜欢那些对我们不一定有益的东西。事实证明，合理的饮食和营养、充足的锻炼、高质量的睡眠可以提高认知能力和整体的健康状况。

因此，真正的问题不是“我们要怎样才能有更好的表现？”而是“吃什么食物、喝什么饮料、怎样锻炼、睡多长时间，以及有意义的社交关系如何能够直接帮助你提高表现？”交易是压力很大的职业，而对抗压力的一种方法就是过健康的生活。这样能够提高你的耐力，使你的情绪更加平衡。

接下来就要讲讲本章内容的目的。我并不是要告诉你们怎么做。我可以向你们保证，我并非总是吃健康的食品、拥有充足的睡眠或每天锻炼。除非你是像汤姆·布雷迪（Tom Brady）[1]这样的人，否则我也不会期望你这么做。我想通过我自己在寻求成为一名更好的交易者的过程中的经历，向你提供一些信息，希望这些信息能够帮助你做出关于生活方式的决策，使你也成为一名更好的交易者。

## 健康的饮食模式

说实话，我一开始建立自己的饮食习惯并不是因为我想要提升交易水平，而是为了在海军陆战队服役期间保持身高和体重标准。在海军陆战队里保持身高和体重标准是一件很重要的事情，目的是随时准备好为国家服务。超重会导致身体更容易受伤，使体力和耐力下降。在敌对地区服役时，体力和耐力非常重要，而且它们无法得到快速提升。对于我来说，随着年龄的增长，我必须有意识地注意自己的饮食，这样我才能把体重保持在89公斤以下。意外的是，这影响到了我的交易表现。

我第一次注意到这一点是在我退役前的一年。那时候我决定尝试生酮饮食，以减掉一些我在假期里增长的体重。我从阅读中了解到，我会在过渡到生酮饮食时感到些许疲劳和虚弱。这个过程很难熬。我醒来时会感到昏昏欲睡、饥肠辘辘、浑身酸痛。在这种情况下我无法尝试做交易，更别提处理其他交易问题了。几周后，随着我的身体适应了这种新的饮食习惯，这些问题也逐渐消失了，我在醒来时感到正

① 美国著名橄榄球运动员。

常了。我继续坚持了两个月的生酮饮食，我的交易数据开始清楚地表明，这种饮食对我的交易表现是有害的。

需要注意的是，这是我自己的经历，我的交易结果当然也会受到其他很多因素的负面影响，所以其他交易者有可能会在坚持生酮饮食的情况下做出好的交易表现，甚至比他们采取其他饮食方式时表现得更好。不管怎样，我在两个不同的环境下尝试了三个月的生酮饮食，我的交易账户两次都出现了回撤。当我每个月对自己的交易数据进行回顾时，很明显我的交易表现水平在下降，我的权益曲线从高点下滑，形成了一条向下的斜线。就像我在第五章结尾所说的那样，你的权益曲线是一个非常有效的衡量标准，能够让你知道你所做的事情有没有奏效。

对于我来说，生酮饮食很好地减轻了我的体重，但它对我的交易表现有着绝对的负面影响。当我抛弃这种饮食方式并回到更加均衡的饮食方式时，我的权益曲线又开始改变方向，开始往上走了。根据我的个人经验，当一件事情两次出现一样的结果时，我就有了足够的证据判断是否要继续做这件事情。

## 酒类和交易

虽然生酮饮食会影响我的交易表现，但我亏损最多的日子和食物以外的东西——酒精——直接相关。如果你是一位不喝酒的交易者，那么我要对你表示赞赏，因为违背社会规范是很难的。我们经常看到广告在宣传和朋友聚会、喝你喜欢的酒精饮料是很快乐的。你想一想，电视、社交媒体和电台上每天有多少广告在宣传酒精饮料？我并不是在批评适量饮酒，而是建议你记录下来你在交易的前一晚喝了多少酒，然后看看你在一段时间之内的表现。如果喝酒对你没有任何影响，那么你就不需要考虑改变你的生活方式，但如果你和我一样，你的发现可能会让你大吃一惊。

我个人可以证明，酒精会影响到我的交易表现。在进行了大约六个月的实盘交易之后，我查看了我的交易日志，看看我在头六个月亏损较大的日子里发生了哪些事情。我很快发现，它们有一个共同之处。在我交易次数超过正常水平并遭受最大亏损的日子里，我前一天晚上都出去和同事或者朋友喝酒了。我在第十一章里讲过，我之所以要额外忍受一个月的模拟交易，就是因为我在前一天晚上和同事出去喝酒了。很明显，酒精对我的交易产生了负面影响，它降低了我集中精神和遵守交易纪律的能力。从那以后，我有意识地做了一个决定：如果我前一天晚上喝了酒，那么我当天就不会进行交易，而是会去做其他事情。

许多交易者不关心他们吃什么或者喝什么，但他们的表现极其出色。没有哪种饮食方式或生活方式能够保证你一定能在市场上取得成功。我在本书的这一部分想要传达的是，如果你没有在交易中看到你想要的结果，那么你就要看看你摄入身体里的是什么，思考一下你能否通过改变饮食来提高你的交易表现。

## 通过锻炼处理情绪问题

坚持定期锻炼对于许多人来说是一件很难的事。它需要花掉你一天中的时间，会给你带来痛苦（字面意义上的痛苦），对于一些人来说，尤其是对身材并不是很好的人来说，早期的锻炼成果可能会非常令人失望和沮丧。虽然这些都是事实，但锻炼对你的头脑和心脏有巨大的好处。体育锻炼可以减轻压力，我们都知道，交易者在每个交易日都要承受压力。锻炼可以给你的身体、新陈代谢、心脏和精神带来巨大的改变。它会使你兴奋和放松，提供刺激和平静，有助于你对抗抑郁情绪，缓解压力。锻炼不仅仅是跑步，它还包括很多其他运动，记住这一点同样重要。

## 锻炼的好处

锻炼能够帮助交易者保持情绪平衡。研究表明，锻炼在对抗抑郁和焦虑上面与药物治疗一样有效。军队也建议士兵通过积极锻炼来对抗抑郁和焦虑。在我的职业生涯中，我最好的减压方式是跑步。跑步让我有时间思考前方的道路，消除积累起来的情绪。如果我感到沮丧、压力很大或者对正在发生的事情感到恼火，我就会穿上跑鞋去跑步。我注意到，我积累的情绪越多，我就会跑得越快，这有助于缓解我的紧张状态。跑步也是我思考以后要做什么事情的一个完美时机。

我在交易中也是这样做的，当我发现我开始在交易中变得情绪化时，跑步会非常有用。如果我到了向电脑屏幕表达沮丧的程度，我就知道我需要站起来出去跑跑步。我可以在跑步时发泄我的沮丧和愤怒，而不是在交易中表达它们。然后我就可以开始制订当天接下来的计划。在跑步的时候，我通常会在头脑里思考我下午的交易设置，想想怎样才能最好地执行那些交易。如果我发现自己无法放松下来或者无法清晰地思考，我通常会结束这一天的交易，等到第二天早上再重新开始。虽然我选择了跑步，但你当然也可以选择其他能够最好地帮助你重新专注和让思绪重回正轨的事情，这样你就不会通过交易来表达你的情绪。

就像我提到的那样，锻炼是一种很好的减压方法，它当然不限于跑步。它还包括去健身房、骑自行车、散步、参加体育比赛等等。也许你还可以将你喜欢的一些运动添加到这个清单里。不管你选择哪种锻炼方式，它都可以大大缓解你和你的身体可能会遇到的任何压力。

作为交易者，你总是在学习的过程中，因为市场总是在给你机会去经历一些新鲜的和意想不到的事情。锻炼会使你的头脑保持敏锐，这样你不仅能够更容易地学习到在交易中有用的模式，还能够更擅长于比别人更早地捕捉到细微的市场动向。

# 睡　眠

## 睡眠的好处

作为一名交易者，为了找到符合你策略的模式，你需要有一个全身心投入并以最佳状态表现运作的大脑。它可以让你处理市场提供的各种信息，处理交易中固有的各种情绪问题。

睡眠可以提高创造力，培育新的想法，并引导你进入那些能产生“灵光一闪”的时刻。睡眠是有助于我们解决问题和进行创新性思考的燃料。随着睡眠时长和睡眠质量的下降，我们在头脑里及时处理信息将会变得越来越难，而且忘记重要事情的概率也会增加。在军队服役时，我已经受够了睡眠不足的感觉。

如果人们的睡眠时间不够，他们的注意力和专注能力就会下降。他们的反应速度会变慢，注意力不集中，对周围环境的信号不能做出很好的反应。这意味着他们无法接收新的信息，或者对危险的情况无法做出反应。对于交易者来说，睡眠不足会导致反应时间的延长，能够处理的信息减少，注意力也会降低。当你在用自己的资金冒险时，你肯定想在这些方面达到最佳状态。

我曾经最长连续54个小时不睡觉。在那个时候，我的工作效率低到根本无法完成我的工作。我无法思考，无法理性判断，也完全无法处理信息。

我对两件往事记忆犹新，它们说明了睡眠有多重要。第一件事情发生在2003年。我和我所在部队的其他士兵已经大约54个小时没有睡觉了，通过肾上腺素、焦虑和其他许多情绪在支撑着。当时我们刚刚完成了我们的首个任务，正在动身返回前沿作战基地执行后续任务。

那时候是深夜，我们以每小时16千米的速度行驶。其间，我们在一个地方停了下来，让另一队车辆通过，在那段时间里我睡着了。当我醒来时，抬头一看，前面的车辆已经开走了，眼前一片漆黑。实际上，我们车上的每个人都睡着了，我们根本不知道自己睡了多久。你可以想象到我们继续往前开，希望能和部队集合的那种空荡荡的心情，幸好我们赶上了。这件事情表明，没有适当的睡眠，你会变得非常疲惫，无法完成你的工作。在我所举的这个例子中，睡眠不足会使人陷入重大的危险当中。

第二件事情没有那么严重，希望你会像我一样觉得它很有趣。这件事发生在我刚开始担任教官的时候。在新一轮新兵来到营地的那段时间里需要做的事情很多，一天的工作时间总是不够用。当我还在那里服役的时候，新教官通常是最后一个睡觉和第一个起床的人。不要试图解释这个现象，事情就是这样子的。

当时我连续六天每晚只睡了2个小时左右，并且每天要做14个小时耗费体力的工作。之后有一天起床，我发现我居然忘了怎么刮胡子，就像我在第十五章里分享的那样。我疲惫不堪，我知道我要刮胡子，但我不知道要拿什么来刮胡子。我茫然地盯着我的储物柜，直到另一位教官问我在做什么。我告诉他我要刮胡子，但我忘记了怎么刮！他大笑起来，然后猛地拍打金属储物柜，这一动作产生的噪声使我的大脑清醒起来，把我带回到了现实世界。现在请你想象一下在这种情况下试图进行交易会怎么样。请相信我，这不会有好的结果。

我知道这些例子比较极端，特别是第一个例子。如果没有必要的话，正常人谁会连续54个小时不睡觉呢？作为一名交易者，你不会出现这种情况。但是，你很可能只睡4～6个小时，因为除了交易之外，很多人都拥有家庭、第二份工作和其他使我们忙碌起来的任务。

很多人所在的时区也和美国东部时间不一致，交易所是根据美国东部时间开盘的。我们可能会牺牲睡眠时间来做实盘交易。不管原因是什么，如果你的身体和大脑没有得到它们所需要的睡眠，你就无法发挥出你的最佳状态。这就是为什么我建议你每天在日志里记录你前一天晚上睡了多长时间。当你在几个月之后查看日志时，你可能会惊讶地发现，你在缺乏睡眠的日子里会遭遇到你的最大亏损。

我花了大约三个月才发现，如果我没有睡够6个小时，我当天实现盈利的概率就会远低于20%。因此我吸取了教训，不在没有睡够6小时的日子里尝试交易。相反，我会选择去做别的事情，或者和我的家人共度愉快时光。

如果我还没有说服你睡眠很重要，请思考下面的例子。在美国军队里，飞行员在飞行前必须要有8个小时不间断的睡眠，我可以肯定大多数国家的航空公司都有这样的规定。想想看，大多数时候他们的飞行都很正常，起飞、巡航、降落。但有时候事情会出差错，在那一瞬间，飞行员必须从常规的思考模式转变成超常的思考模式，以快速处理信息和做出决策。

想象一下，如果萨利机长（captain Sully）在将全美航空1549号班机迫降到纽约哈德逊河之前没有足够的睡眠会怎么样。你可能没有听过他们的故事：萨利机长和杰弗里·斯基尔斯副机长（First Officer Jeffrey Skiles）在飞机被鸟击中后的三分钟内，把飞机降落到了哈德逊河。在三分钟时间内他们推断出他们无法抵达另一条跑道，然后他们做了一切必要的事情，使满载乘客的飞机降落到一条河里。

随后的调查结论显示，如果他们试图飞到附近的任何其他机场，他们都将会失败，且导致乘客丧生。我用这个例子来表明睡眠为什么如此重要，即便很多人，包括我在内，都错误地认为我们可以用最少的睡眠来应付事情，这是很危险的。

## 本章重点

- 锻炼能够帮助交易者保持情绪平衡。研究表明，锻炼在对抗抑郁和焦虑上面与药物治疗一样有效。
- 睡眠可以提高创造力，培育新的想法，让你产生“灵光一闪”的时刻。研究表明，我们需要充足的睡眠来维持我们高层次的创新思维和解决问题的能力。

第二十三章

# 社会关系

身处一个由志同道合的交易者组成的社群可以获得无穷的力量，值得你花的每一分钱。我所说的交易者社群是什么意思？我指的是，你不希望和那些只为自己的利益着想的交易者，或是和那些为了向你推销“独家”交易秘诀的交易者来往，而是要寻找到一群愿意告诉你真相的交易者。你要加入那些不害怕分享出他们最糟糕的交易的交易者，因为他们知道这个社群不是来评判他们的，而是来帮助他们成长的。如果你决定通过交易谋生，你就真的需要找到一群愿意分享他们的经验，希望你不会重蹈他们的覆辙的交易者。同样，当你实现了你的交易目标、完成学习过程时，你也会想要成为社群的一部分，获得其他成员的加油和祝福，不管他们正处于自己交易生涯的哪个阶段。

我非常幸运。在所有不同的交易社群中，我很幸运地遇到了牛熊交易者。在我刚开始加入聊天群组的时候，我在聊天群组里总是能感受到欢迎。管理员和其他成员哪怕对于最简单的问题也会进行回答，而不会让我觉得问出这个问题是愚蠢的。社群领导者总是愿意分享他们的经验，不假思索地告诉我在交易生涯里会遇到哪些具体的情况（包括好的和坏的情况）。这个社群很专业，最重要的是，它给我一种大家庭的感觉，每个人都希望别人获得成功。

此外，当我遇到挫折的时候——每个交易者都会遇到挫折，我们都会经历亏损和情绪受打击的日子——社群里就会有人安抚我说一切都会好起来。我并不是在说牛熊交易者是唯一拥有这些优点的社群，但它非常适合我的性格，多亏了它，我才能达到今天的水平。我知道，如果我光靠自己来发展我的交易生涯，我是不会成功的。

## 交易是孤独的

我可以想象到，如果交易者试图自己学习交易，一个人日复一日地摸索，处理交易过程的起起伏伏，却找不到一个知道他们在经历什么的人聊天，他们肯定会感到压力和焦虑。他们能依靠的只有电脑屏幕和他们自己。我不想给人留下太过戏剧化的印象，但我坚信，如果交易者没有地方发泄他们的情绪，他们可能会丧失理智。

想象一下，你做了一笔交易，你损失的数额是你计划中的数额的三倍。三倍！如果你打开油管视频网站或推特，你看到的内容全部都是关于其他交易者的表现有多好的内容。看着他们用所谓的某种“简单”的策略赚取这些利润，你甚至会开始感到有些恶心。你会到哪里寻找安慰？你真的想把刚才发生的事情告诉那些没有经历过同样事情的人吗？

我知道我不想。我甚至不喜欢我的妻子时不时地问我交易得怎么样。我觉得这会给我带来很大的不必要的负担，为了让她高兴我必须表现出色。如果你是独自交易，那么你唯一能依靠的人只有自己。如果你这样交易过一段时间，你就会知道，你的头脑会一直质疑你是否做出了正确的决策。不要忘记我之前说的：你的头脑厌恶不确定性，所以它会尽其所能地想出理由，来确保它永远不想面对不确定性。

## 对你头脑的好处

当你知道别人正在经历着和你一样的情况时，你很可能会感到慰藉。你不会再感到孤独。研究表明，随着年龄的增长，社交活动会影响人们的独立思考和运作能力，包括记忆的准确性、处理信息的速度、执行能力和制订计划的能力。社交的意义和质量，以及人们对社交的感受的积极程度，会对衰老过程产生很大的影响。

在我所在的社群里，每一位成员都能做出贡献，不管他们是在社群待了一天还是三年。只要他们有一些对社群有帮助的东西，我们的交易者就愿意（也想要）倾听。我记不清我有多少次受益于社群的其他成员了，但我要分享一次特别的交流过程，它对我的交易有难以置信的提升。

我们社群的一位成员凯尔在为快捷键创建脚本方面绝对是首屈一指的。他在我们的论坛上发布了一个脚本，这个脚本彻底改变了社群成员看待风险的方式。在这个所谓的“凯尔的快捷键”出现之前，不管这只股票是什么，我们都会根据股票的数量进行交易。这意味着我所做的每一笔交易都有不同的风险值，因为我买进的股票数量是相同的，但我的入场价格和止损价格之间的距离是不同的。“凯尔的快捷键”改变了这一点，它允许我（以及所有牛熊交易者成员）能够为每笔交易施加一个以美元为单位的固定数额的风险值，然后交易平台会根据我的止损价格和入场价格的差别计算出股票的数量。

太棒了！这意味着不管入场价格和止损价格的差别有多大，我在每笔交易里的最大亏损额都不会超过我事先设定好的数额。在社群里和其他交易者交流非常有价值，这只是其中的一个例子。如果没有社群在我有问题和遇到麻烦时帮助我，我不知道在刚开始交易时我会做出什么事情来。知道你有可以依靠的人，这是一种很平静的感觉。

另外，如果你有兴趣阅读我们社群成员写的关于交易心理学的精彩观点，我最近和安德鲁·阿齐兹合著了一本书，名为《掌握交易心理学：通过真实交易者的亲身经历提高你的交易水平》（*Mastering Trading Psychology: Improve Your Trading with Firsthand Reports by Real-Life Traders*）。我相信我们的成员在这本书里的贡献肯定会提升你的交易水平。

## 见面会

牛熊交易者社群举办了一些见面会，成员们可以聚在一起分享他们的经验。这些见面会是相当重要的。它们让你有机会和当地的其他交易者见面，在那里，你可以组建你自己当地的小组，在小组内互相分享好的、坏的和不如意的事情。

它给你的好处会超过你一开始的想象。见到其他交易者也在犯同样的错误可以让你了解到，你在这个过程中并不孤单，你犯下的错误不是世界末日。你可以分享自己的经验，从他人的经验中学习，建立起将会贯穿你整个交易生涯的联系纽带。

就像之前提到的那样，我每天仍然会和我在2018年洛杉矶地区第一次见面会上认识的一些交易者进行联系。我们仍然会每天分享各自的交易，在遇到困难时互相支持。我们在全球各个角落都举办过这样的见面会。我很希望新冠肺炎疫情快点结束，这样我们就能在线下重聚了！

见面会也是了解其他交易者在做什么，并且借鉴一些你可以考虑放进自己的交易计划里的点子的好地方。当交易者在一个开放的社群里聚在一起时，你可以在这种环境下大声分享出你的想法，并获得有用的反馈和鼓励，因为其他人可能已经经历过你正在寻求帮助的情况，他们会提示你怎样在这个方面取得成功，或者解释为什么这样做可能会不起作用。见面会为你创造了实现目标和建立关系的机会，这些机会可能是你从来没有想到过的。

我知道社会关系也许看起来是一件小事，但你作为一名交易者建立的社会关系，将会在你的交易生涯中发挥很大的作用。交易是很难掌握的，要做到持续盈利就更难了。有一个旨在为所有成员创造积极环境的交易者社群，你就有机会和全世界的人建立持久的友谊，使你在交易和生活中受益。我个人可以证明，如果我没有发现牛熊交易者和许多被称为他们的“交易社群”的出色交易者，我不可能成为今天的我或是今天作为交易者的我。

## 本章重点

- 交易可能会是一项孤独的活动。社交互动，包括和交易伙伴的见面会，将对你的交易生涯带来巨大的好处。

# 结　语

在本书的结尾我要承认，我在书中的建议并非都能吸引到作为交易者的你。你必须理解关于交易心理学的一个非常重要的观念，那就是适合一个交易者的方法可能不适合另一个交易者。你必须找到最适合自己的方法是什么，但除非你愿意承担风险，走出你的舒适圈，否则你可能永远也找不到真正最适合自己的东西。因此，我鼓励你勇于尝试，在你的舒适区之外进行冒险，扩展你的经验领域。我真诚地祝愿你在交易冒险中取得巨大成功。在你开始你的旅程时，请记住，只有当你决定结束它时，它才会结束。交易的一个重大好处就是你能够控制所有事情。

以下是各个章节重点内容的索引，供你快速参考。

最后，欢迎你随时通过mike@bearbulltraders.com和andrew@bearbulltraders.com联系我和安德鲁。

## 第一章　了解你自己

● 有效交易的关键在于交易心理。

● 价值观有助于塑造心态，心态可以产生行为。

● 作为交易者，你需要采取有利于交易成功并且和你的基础性格相匹配的思维方式。

● 交易中的亏损经历能够改变你对金钱的看法，帮助你成为一名更成功的交易者。

## 第二章　直面挑战

● 作为一名交易者，你需要管理好自己以及你事业的方方面面。

● 作为一名交易者，你最大的挑战是真正理解你做出每种交易行为的原因。

● 为了在交易当中获得成功，你需要循序渐进地学习并改善你的交易。

● 作为一名交易者，你需要诚实面对自己，并找出你潜意识当中的偏见。

## 第三章　全面交易者的概念

● 交易者想要持续盈利，必须同时拥有技术、策略、心理这三根支柱，而且它们需得到充分发展。

● 如果你的左脑占主导地位，你的逻辑和研究能力可能会比较强。如果你的右脑占主导地位，你的视觉感知和直觉思考能力可能会比较强。

● 为了克服你作为一名交易员时的情绪，你必须找出引发你情绪反应的确切根源。

## 第四章　交易风格

● 如果你是新手交易者，你可能会很难找到最适合你性格的交易风格，但如果你想作为一名专业交易者获得长期的成功，你的交易风格是一个必要条件。

● 日内交易的五大风格是超短线和动量交易、当日交易、突破交易、趋势交易和反趋势交易。

## 第五章　交易者性格

● 肯尼思·里德博士的AWARE®模型提出了五种交易者类型，或者说交易者性格，分别是农夫、勇士、艺术家、现实主义者和工程师。

● 你的交易账户余额最能体现你的交易者性格和交易风格的匹配程度，衡量你所做的有没有奏效，需不需要修正。

## 第六章　确定性和不确定性

● 你所做的每一笔交易的结果都是不确定的。在交易中，你无法控制交易的结果。

● 作为一名交易者，要想控制你对情绪的反应，理解不确定性以及它是如何影响你的至关重要。

● 过去让你在其他领域取得成功的经验很可能不会让你在交易中取得成功。

● 你的情感大脑无法分清真实的威胁和心理上对于交易中的不

确定性带来的心理不适感。

● 只要认真倾听，每个人在交易时都会听到不同的声音。

## 第七章 专注于执行的重要性

● 你没有必要将时间和精力浪费在盈亏上面。

● “擅长交易来自掌握交易技巧和了解一笔好交易的基本原理。金钱只是执行稳健交易的副产品。”（安德鲁·阿齐兹，《如何以日内交易为生》）

● 作为一名交易者，你要专注于交易的执行而非结果。

## 第八章 概率的游戏

● 作为交易者，你要保持耐心，等待属于你的时刻。

● 交易者的工作建立在概率和统计数据之上。

● 与掷双骰子和轮盘赌类似，交易是一种负和游戏。你从进入市场的那一刻起就开始亏钱。

● 使用科学流程能帮助你找到交易手册优势。

● 通过策略集合交易能帮助你判断你的交易策略是否行得通，也能帮助你通过概率进行思考。

## 第九章 支持网络

● 交易社群应该和你的交易风格和交易性格相匹配。

● 小型交易团体能够大大提升你的交易，帮助你找到你的盲点。

● 你和导师的关系需要通过努力来维持。导师没有神奇的能力使你跳过学习交易的某些过程。

● 当你的交易使你感到压力和困惑时，个人和同伴的支持网络会非常有帮助。

## 第十章　纪律的意义

● 你要养成纪律性思维，让它以交易要求的方式进行思考。

● 学习交易很困难，需要付出一个人成为医生、律师或者工程师等职业的同等努力。

● 遵守纪律是交易中至关重要的一种品质。你必须学会它，完善这种品质需要努力和决心。

## 第十一章　纪律的重要性

● 市场会奖励坏的行为，但同时它也会用最大的痛苦惩罚你。

● 遵守纪律是一种后天习得的技巧，你必须要培养你的纪律性思维。不管你想遵守哪条规则，你都要把它内化到心中，成为你的一部分。

● 在交易时段之外保持纪律性和在交易时保持纪律性同样重要。

● 你怎样界定你的规则非常重要，因为如果你的规则和你的交易性格不匹配，你就会不断违反你制订的规则。

## 第十二章　纪律松弛的原因

● 要想避免纪律松弛对你的交易造成损害，关键是做好风险管理。

## 第十三章　提高纪律性

● 通过研究特定的交易机会，你就能专注于模式识别、执行技巧、金钱管理和纪律方面，这些技巧在你扩大交易范围时会派上用场。

● 根据你的优势进行交易会增加你的信心。当你的信心不断提升时，你对你的策略的信念也会提升，使你更加容易遵守策略。

## 第十四章　什么是正念

● 正念可以被定义为全心全意地关注当下的一种能力，你完全知道自己在做什么、自己是谁。它意味着你没有因为周遭的事情而不知所措或产生过度反应。

● 集中精神有助于你客观地找到交易机会，然后执行和管理你的交易，而不是执着于结果。

● 有很多种干扰会阻碍你形成交易所必需的精神集中度。

## 第十五章　盘前的正念

● 在盘前的这段时间，你应该把主要精力放在自我意识上，并让自己为交易日做好心理准备。

● 早上的常规准备工作的目的是分析你的心理、身体和情绪状态，以便评估你在开盘后的交易状态。

## 第十六章　交易之前的正念

- 在交易时保持耐心至关重要。
- 意识，特别是开盘后的意识，对于阅读市场行为来说很重要。
- 在交易时集中精神非常难，了解这一点很重要。
- 专注是你的兴趣或活动的重心，而集中精神是你集中注意力或集中精力的行为和能力。

## 第十七章　交易之中的正念

- 你在入场之后要做的是平静下来，了解当下的情绪和想法，评估情况，然后专注于当下。
- 在交易日的每个时间段保持正念都会遇到独特的挑战。
- 交易者往往低估了在交易期间会有多少干扰因素阻碍他们集中精神。

## 第十八章　交易之后的正念

- 在退出一笔交易之后保持正念很重要，它能确保你不会在情绪准备好之前就做出下一笔交易。这其中包括评估你的意识、精神集中程度、专注度和情绪状态。

## 第十九章　情绪资本

● 每个散户交易者都有两个账户：交易资本账户和情绪资本账户。

● 自尊、心态、信心/自信、目标是你情绪资本的核心所在。

● 你交易事业中的情绪资本可以被定义为你对于自己执行交易计划的心理上的信心。

● 情绪资本的减少通常会留下伤疤。

## 第二十章　保护你的情绪资本

● 要保护你的情绪资本，首先要了解心理弹性和心理韧性的关系。

● 心理弹性指的是复原的能力。心理韧性是指你在面对逆境时保持坚强的能力。

● 痛苦是对压力的负面反应。

● 良性压力是一种中等或正常的心理压力，对经历者是有益的。

● 作为散户交易者，你需要一份交易事业规划和一份交易计划。

● 你制订规则的目的是建立和加强你的心理弹性和心理韧性。

## 第二十一章　补充你的情绪资本

● 拥有和你兴趣相一致的个人目标会增加你的幸福感。

● 明确的目标可以增加你的幸福感，因为它们能帮助你提高热情，找到你新的优势，这反过来能提升你应对更大更困难的目标时的信心，使你能够以积极的心态面对新的情况和新的挑战。

● 先设定容易实现的短期目标有助于保持积极的情绪。

## 第二十二章　饮食、锻炼和睡眠

● 锻炼能够帮助交易者保持情绪平衡。研究表明，锻炼在对抗抑郁和焦虑上面与药物治疗一样有效。

● 睡眠可以提高创造力，培育新的想法，让你产生“灵光一闪”的时刻。研究表明，我们需要充足的睡眠来维持我们高层次的创新思维和解决问题的能力。

## 第二十三章　社会关系

● 交易可能会是一项孤独的活动。社交互动，包括和交易伙伴的见面会，将对你的交易生涯带来巨大的好处。